JN235236

ロスチャイルド200年の栄光と挫折

History of the house of Rothschild

副島隆彦

Takahiko Soejima

日本文芸社

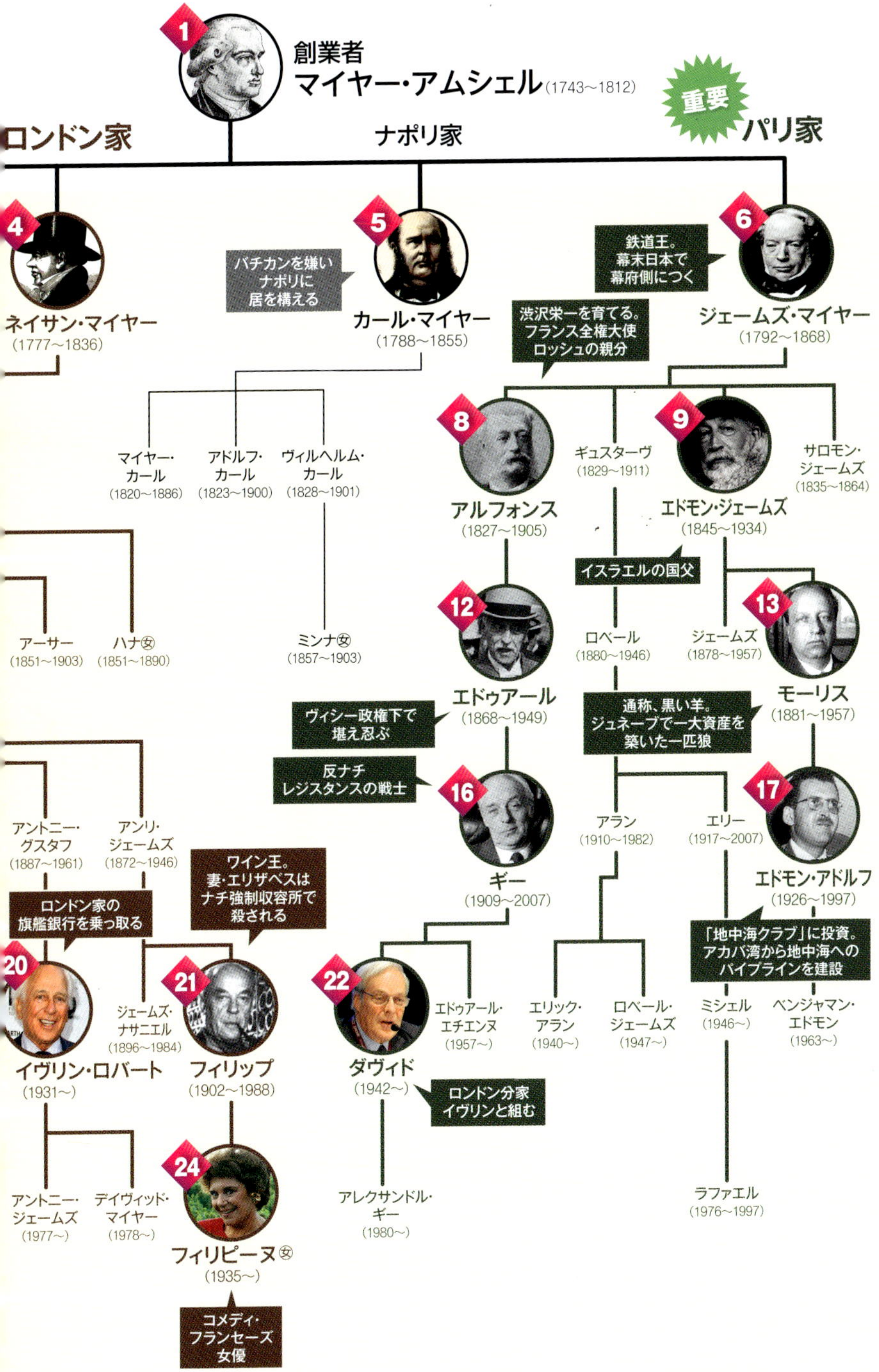

※横山三四郎『ロスチャイルド家 ユダヤ財閥の興亡』（講談社現代新書）を基に作成。
※番号1～26は本書で大きく取り上げている主要人物。

ロスチャイルド家 家系図

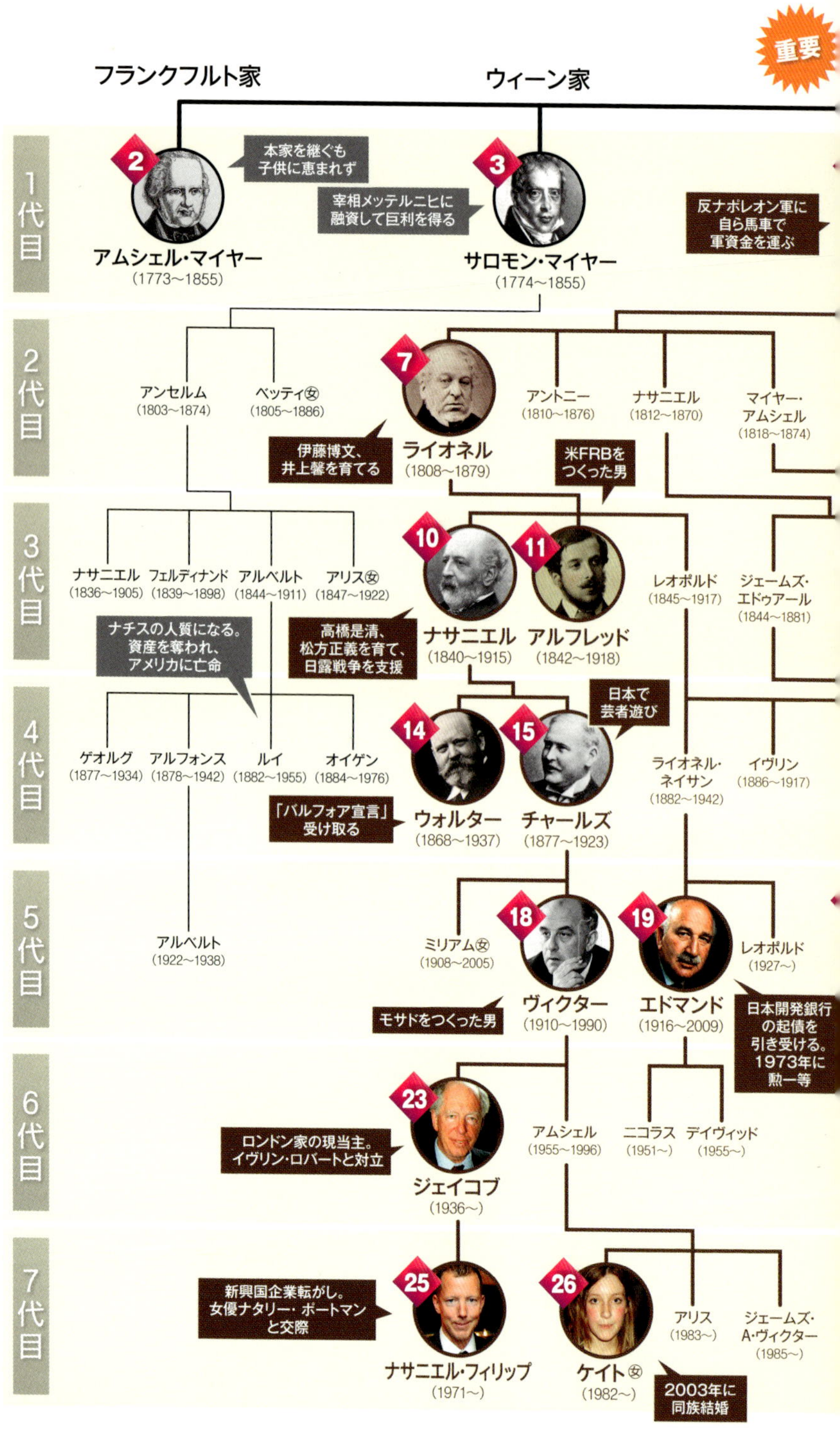

はじめに

私たち日本人は、ロスチャイルドのことを知りたがっている。それなのに、手頃な解説本がない。

だから、この本が、欧州ロスチャイルド家200年の全体像を大づかみで理解できることを真剣に目指した。日本では、それなりの読書人を自負する人であっても、この華麗なるユダヤ系の巨大金融財閥の全体図を把握できていない。

たとえばロンドン家2代目当主のライオネルと4代目ウォルター、パリフランス家2代目アルフォンスと4代目ギーが行なったこと（重要な歴史事件にどのように関わったか）を区別することができない。そのために愚かなる×陰謀論《いんぼうろん》なるものが、今も日本国内にはびこっている。この本は、この困難な課題にも正面から挑戦した本である。

ただし、世界権力者たちによる**権力者共同謀議《コンスピラシー》**は有る。歴然として存在する。確かに19世紀（100年前）の世界はロスチャイルド財閥が操《あやつ》る大英帝国《ブリティッシュ・コモンウェルス》の時代だった。彼らが数々の悪事も実行した。

だが20世紀になってからのこの１００年余は、アメリカ・ロックフェラー財閥が世界を支配した。ロックフェラー石油財閥が欧州ロスチャイルド財閥に取って替わり、コンスピラシー（権力者共同謀議《きょうどうぼうぎ》）の巨悪を実行して来た。

いつの時代も、世界で一番大きな資金を持つ集団がその時々の世界をいいように動かす。この観点をおろそかにしてはいけない。

この本は、ロスチャイルド家の創業以来の２２０年間の全体像に明確な輪郭を与える。欧州ロスチャイルド財閥２２０年の中の主要な人物たち26人を相互に関連づけながら解説する。わかりやすいように、本文と家系図に、主要な人物たち26人の通し番号（❶～㉖）を付けた。巻頭に折り込んだ家系図もじっくりと何度も見てほしい。

この本が編まれた動機は、ゆえに、×「ロスチャイルド家による世界支配の陰謀」をバラまき続ける低能たちを粉砕することである。

世界を操る「闇《やみ》の勢力」など存在しない。世界支配主義者《グローバリスト》たちは堂々と表に出てきて、公式・非公式の会議を開き、公然と世界を支配《コントロール》している。巨大な金《かね》の力で、各国の高官・公職に就く人間たちを、人事面から左右して各国の政治に強い影響を与えている。

「ヨーロッパ・ロスチャイルド家が米ロックフェラー家を背後から操っている」と主張する裏のある者たちを、この本で最終的に撃滅する。そのための正確な知識の本としてこの本は世に出る。この本の著者である私は、×陰謀論という不正確で不適切なコトバの蔓延《まんえん》を拒否し訂正させ、やがて消滅させる覚悟である。
「コンスピラシー」とは○共同謀議のことである。従って欧米で使われるコンスピラシー・セオリー conspiracy theory は、正しく「権力者共同謀議（はある）理論」と訳さなければならない。

この本の影響で、今後、日本から少しずつ×陰謀論というコトバが消えてゆく。×陰謀論は廃語 absolete《アブソリート》 word《ワード》となってゆく。そしてそれに代わって、コンスピラシーは、権力者共同謀議と正しく呼ばれるようになるだろう。そして、権力者共同謀議は存在するのだと主張する理論をコンスピラシー・セオリー conspiracy theory といい、それを主張する者たちをコンスピラシー・セオリスト conspiracy theorists という。この「権力者共同謀議理論」が正しく日本国内で認められるようになってほしい。

その日まで私は、世界各国にいる同志たちである真実言論派《トルース・アクティビスト》 truth activists の一人として、日本を自分の持ち場として闘い続ける。私は事実《ファクツ》と真実《トゥルース》以外の何ものも恐れない。それが政治知識人、思想家であることの堅い決意である。

2012年6月

副島隆彦《そえじまたかひこ》

ロスチャイルド　200年の栄光と挫折　目次

第2章 ロスチャイルド家の世界覇権
大英帝国の黄金期とヨーロッパの繁栄

第3章

ロックフェラー家と闘ってきたロスチャイルド家

新興大国アメリカに奪われた世界覇権

第4章

戦後のロスチャイルド家

2つの世界大戦で弱体化した一族

第5章

ロスチャイルド家の現在

「アメリカ帝国」没落後の世界戦略

編集協力 グラマラス・ヒッピーズ
カバーデザイン 長谷川 理
本文デザイン・図版作成 高橋未香

プロローグ

ロスチャイルド家の全体像を理解する

主要な人物たちが

形づくる大きな幹

英王室とつながるロスチャイルド家

欧州ロスチャイルド家は、資金力と政略結婚の力で、イギリス王室だけでなくウィーン・ハプスブルク家からヨーロッパ貴族の称号を手に入れてきた。

2011年4月に、イギリス王室のウィリアム王子と結婚したケイト・ミドルトン（キャサリン妃）ともロスチャイルド家はつながっている。キャサリン妃の母親のキャロルは、旧姓をゴールドスミスという。

このゴールドスミス家が重要である。ロスチャイルド一族の創業の地はドイツのフランクフルトである。ここの創業家も今は、男系が途絶えてロスチャイルドの名が消えている。しかし女系がゴールドスミス家となって生きのびている。そして、キャサリン妃の祖母はドロシー・ハリソン・ゴールドスミスなのである。

ゴールドスミス家は、古くからロスチャイルド家と姻戚関係にある一族だ。だからロスチャイルド家は、イギリス王室とも閨閥《けいばつ》である。

20世紀初頭まで、ロスチャイルド家は、同族結婚を繰り返して、閨閥の力を維持してき

ロイヤル・ウェディングとロスチャイルド家

ウィリアム王子とケイト（キャサリン）・ミドルトンのロイヤル・ウェディング（2011年4月29日）。この成婚で、王子は「ケンブリッジ公爵」となり、ケイトは「ケンブリッジ公爵夫人キャサリン」となった。 写真:Getty Images

2011年4月29日、バッキンガム宮殿のバルコニーに立つ2人の両親たち。左から、マイケル・ミドルトン、キャロル・ミドルトン、1人おいて、チャールズ皇太子、カミラ夫人。 写真:Getty Images

た。

やがて王妃になるキャサリン妃のはとこ（再従兄弟）に㉖ケイト・エマ・ロスチャイルド（１９８２年生まれ）という女性がいる。

ケイト・エマは、２００３年に、ゴールドスミス家のベンジャミン（１９８０年生まれ）という男と同族結婚（政略結婚）している。ベンジャミン（ベン）が、ゴールドスミス家の若い当主である。

１９９７年に死んだ父ジェームズ・ゴールドスミスから、３００億ポンド（約4兆円）の遺産を相続した。

〝メディア王〟ルパート・マードックがイギリス国内で力をなくした。その後は、このベン・ゴールドスミスが新たなメディア王になるだろうと噂されている。

ベンには、ザカリアス（ザック）という１９７５年生まれの兄貴がいる。ザックは反捕鯨団体シー・シェパードの大スポンサーである。英保守党議員（下院）でもある。

既婚だったザックは２０１０年に不倫騒ぎを起こした。お相手は前述したケイト・エマの実妹アリス（１９８３年生まれ）である。

ザック・ゴールドスミスは翌年に離婚し、今はアリス・ロスチャイルドと仲良く暮らしているようだ。

ロスチャイルド家とゴールドスミス家が同族結婚で新たにつながる

ケイト・エマ（左）と夫のベンジャミン・ゴールドスミス。ベンジャミンはマードックの後の“メディア王”になると囁《ささや》かれる。父のジェームズは、数多くの仕手戦で有名な投資家。妻のケイトの父は、アムシェル・ロスチャイルド（現在の総帥ジェイコブの異母弟）。母のアニタは、「ギネス・ブック」のギネス一族である。

ゴールドスミス兄弟
（左がベンジャミン、右がザカリアス）

ロスチャイルド姉妹
（左がアリス、右がケイト）

2009年に、ベンジャミンの実兄で、既婚のザカリアス（ザック）と、ケイトの実妹アリスの不倫が発覚。兄弟と姉妹でくっついてしまった。ザックは離婚し、アリスと同棲中らしい。

写真（上3点）：Getty Images

ロスチャイルド家の全体像を知るべきだ

このロスチャイルド家が今も世界を支配しているという言論が日本国内でもまだ出回っている。ところが、この「ロスチャイルド家が、裏から世界を支配している」と、根拠なく愚かなことを書く人たち（言論人とさえ呼べないような人たち）に対して、「それではいったい、ロスチャイルド家のどういう人物たちが世界を操《あやつ》っているのですか。実名で説明してください」と質問すると、彼らは、ロスチャイルド財閥の現在の当主や主要な人物を、ほとんど知らない。

「1780年頃から、ドイツの金融の中心都市であるフランクフルトで、金融業者から成りあがってヘッセン侯の御用商人となり、ナポレオン1世と闘い、やがてヨーロッパの最大の金融業者となり、各国の政治家たちまでも大きく操った人々」という、漠然としたことしか知らない。

欧州ロスチャイルド家全体の当主（総帥《そうすい》、統領《とうりょう》）が誰であるか。それはロスチャイルド・ロンドン家の6代目当主の㉓ジェイコブ・ロスチャイルド卿である。

ロンドン家 6代目当主

現在の
ロスチャイルド家の総帥(統領)
ジェイコブ

4代目男爵。欧米の経済界に幅広い人脈を持つ。アメリカ最高の堅実な投資家であるウォーレン・バフェットや、"メディア王"ルパート・マードックとも交流がある。

写真:アマナイメージズ

1936年生まれで76歳。4代目男爵で、この他にヨーロッパの王家からもらった伯爵も名乗るようだ。彼が、現在の一族の総帥である。

前述したケイトとアリスのロスチャイルド姉妹の叔父にあたる。ジェイコブの異母弟が姉妹の父アムシェルだ。1996年に自殺した。

そしてこのジェイコブ卿は、同じロンドン家ではあるが、傍系である⑳イヴリン・ロバート・ロスチャイルド（1931年生まれ）と、パリ家の5代目当主の㉒ダヴィド・ロスチャイルド（1942年生まれ）との間に、1980年以来、大きな対立と抗争を抱えて、現在に至っている。

このようにロスチャイルド家の、具体的な人物像のことを語らなければならない。「恐ろしいロスチャイルド、ユダヤ人」と言ってはみたものの、中身のことを何にも知らない。これが、今の日本の出版界の現状である。

だから、私がわかりやすく全体像について説明してゆく。この「欧州ロスチャイルド家を全体として理解する」という企《くわだ》てが、日本の読書人・知識人層にとって今こそ意味を持つ。

ヨーロッパで、ロスチャイルド財閥がどのように生まれて、どのように発展し、そして現在どのようになっているのか。

総帥ジェイコブと対立する
イヴリンとダヴィド

（ロンドン分家）　　（パリ家）

イヴリン

ロンドン分家。本家の6代目当主ジェイコブを追い出してロンドン家の旗艦銀行であるNM《エヌエム》ロスチャイルド銀行を乗っ取った。パリ本家のダヴィドと連携して動いてきた。

写真:Getty Images

ダヴィド

パリ家5代目当主でNM《エヌエム》ロスチャイルド銀行会長。パリ家の旗艦銀行であるパリ・オルレアン銀行も創業した。現在は同銀行の取締役を務める。ダイヤモンドのデビアス社の取締役でもある。

写真:Getty Images

私、副島隆彦は、ロスチャイルド家の歴史を、イタリアのメディチ家600年の栄枯盛衰と同じように概観する。

そしてロスチャイルド家の主要な人物たちを登場させて、時系列（クロノロジカル）に従い、まず現在の主要な人物たちを説明し、そのあと歴史時間の古いほうから、現在に向かって説明する。

ロスチャイルド家 vs. ロックフェラー家

まず私の「最単純モデル化した大きな理解」では、20世紀初頭からの100年間はアメリカの石油財閥であるロックフェラー財閥が取り仕切ってきた。

それに対してロスチャイルド家は、一つ手前の古い大英帝国の時代に大きく栄えた。

そして今もこの2つの勢力が対立し合いながら世界の金融・経済、そして政治あるいは軍事、外交までをも地球の一番上から大きく支配しているだろうと考える。

1914年（第一次世界大戦の始まった年）を境《さかい》にして、欧州のロスチャイルド家はロックフェラー家に実質的な世界覇権を奪われて敗北が始まった。

ロスチャイルド家から
世界覇権を奪った
米ロックフェラー家

“実質の世界皇帝”デイヴィッド・ロックフェラー(97歳)。ロックフェラー2世の五男。最近は公の場所に姿を見せていない。2012年4月に日本で開催された米日欧三極委員会にも来なかった。もうすぐ死ぬだろう。

写真:Getty Images

“ジェイ”ことジョン・D・ロックフェラー4世。嫡男。ロックフェラー家当主の座をめぐり、叔父のデイヴィッドと争ってきた。しかし叔父が死んでも次の世界皇帝にはならない。ウェストヴァージニア州の上院議員。 写真:Getty Images

現在の世界覇権国であるアメリカ合衆国の力と富を背景とした米ロックフェラー家の勢力に、ロスチャイルド勢はどんどん追い詰められていった。

それでも、今なお欧州を中心にしてロスチャイルド家の力は強い。ヨーロッパ連合（EU、イー・ユー）をつくり、ユーロ euro という統一通貨もつくって、アメリカのロックフェラー家の世界支配体制と争いながら世界の金融・経済の場面で劣勢のままながら拮抗している。

現在の総帥であるジェイコブも、戦後、世界中で、米ロックフェラーとの攻防でヨーロッパ全体が守勢に回り、ずいぶんと苦労した。

ジェイコブの父親は、ロンドン家5代目当主の⑱ヴィクター・ロスチャイルドである。父ヴィクターも、アメリカ帝国に対して、手も足もでなくなった自分たち欧州人の力を取り戻すために苦心したようだ。

このヴィクター卿は、農業研究所やケンブリッジ大学動物研究所の主任研究員をやった。それからシェル石油の研究所長なども務めているが、それは表の顔である。

実は、なんとこのヴィクター卿こそがイアン・フレミング著の小説『007《ダブルオウセブン》』（やがて、映画のシリーズにもなった）という世界的に大ヒットした著作物の主人公ジェームズ・ボンドの本当のモデルなのである。このことは後述する。

ロスチャイルド家のヴィクターが『007』そのものである

ロンドン家5代目当主のヴィクターは、第二次世界大戦中ずっと、イギリス情報部（MI5/6　エム・アイ・ファイブおよびシックス）で、活動していた。　写真:アマナイメージズ

ショーン・コネリーが演じるジェームズ・ボンドは、英MI6（英情報局秘密情報部）という対外防諜課に所属しながら同時に英海軍特別部隊（Naval Service）の大佐でもある。　写真:アマナイメージズ

掴みどころがない『赤い楯』

私はこれまで、数十冊の自著で、ロックフェラー家の内部事情をかなり詳しく説明してきた。世界水準での最先端の動きを紹介して責任をもって日本国内に広めた。

ジョン・D・ロックフェラー1世の孫にあたるデイヴィッド・ロックフェラー（現在97歳）のことを、私は今の〝実質の世界皇帝〟と呼んできた。そしてこのデイヴィッドが、自分の甥《おい》でロックフェラー家の嫡男であるジョン・D・ロックフェラー4世（ジェイ・ロックフェラー）と〝当主争い〟をしてきた。

ジェイは自分が堂々と大統領になるつもりだったのに、叔父のデイヴィッドが邪魔《じゃま》をしたのである。

ロックフェラー家に対して、ヨーロッパを中心に発達した古い金融財閥（宮廷ユダヤ人、各国の阿漕《あこぎ》な税金徴収官僚ともなった）であるところのロスチャイルド家のことを、私はあまり書いてこなかった。

日本におけるロスチャイルド研究の金字塔として、読書人階級の人々に崇《あが》められている広瀬隆氏の大著『赤い楯　ロスチャイルドの謎』（集英社）という本がある。

1991年に上下2巻本で刊行されて大きな反響を呼んだ。それ以来、この『赤い楯　ロスチャイルドの謎』を読みさえすれば、ロスチャイルド家のことがわかるのだということに、日本の言論界がなっている。

ところが、この本であまりに詳細に書かれた内容が、いったい何を意味するのか、誰もピンとこない。

「アスター家の誰と誰が、タイタニック号の遭難、沈没で死んだ」とかの、細かい記述がてんこ盛りでたくさんあるものだから、読んだと思っている人たち自身が、実は何も理解できていない。

一つひとつの解説は事実なのだろうが、それが、大きくはいったい何を表すのかが、わからない。

だから茫洋《ぼうよう》として掴《つか》みどころがない。

それで、このあとは、×「陰謀論」（コンスピラシー・セオリー）という、誰にもよくわからない、根拠の薄弱な、定見のない、おかしな雰囲気だけがフワフワと世の中に広まったのである。

「陰謀論」ではなく「共同謀議がある理論」

「はじめに」でも書いたが、私は、「陰謀論」という言葉をなるべく使わない。コンスピラシー・セオリー conspiracy theory とは、「実質的に一番大きな政治権力（political《ポリティカル》 power《パウア》）を握っている支配者たちによる共同謀議がある、と主張する理論」のことだ。この定義《デフィニション》に従うので、私は「コンスピラシー・セオリー」を、正確に、「権力者共同謀議理論」と訳す。そして、日本国内でもこのコトバが次第に使われるようになるべきだ、と数年前に決めた。

日本の刑法学では、コンスピラシー conspiracy のことを、「共謀共同正犯《きょうぼうきょうどうせいはん》」と訳す。「共謀による共同正犯」というように、しっかりと分けて理解しなければならない。「共同正犯」というドイツ刑法学の考え方を輸入して、そのうちの類型の一つとして「共謀（共同謀議）」というのが存在するという考え方をする。この「共謀共同正犯」を、日本の刑法学の主流（団藤重光《だんどうしげみつ》・東京大学名誉教授、元最高裁判所判事、98歳）は今も認めない。しかし、アメリカ刑法の影響で、実務（裁判所の判例）では、近年、かなり認めるようになってきた。

こういう刑法学（法律学）の基礎知識を知らないで、「陰謀（理）論」などというコトバを、軽々しく使うべきではない。×陰謀などというコトバは滑稽《こっけい》なだけである。

広瀬隆のロスチャイルド研究の欠陥

私の視点からすると、広瀬隆という人がどのようにしてロスチャイルド家の全体像の史実と家系図的な研究を、あの『赤い楯　ロスチャイルドの謎』でつくって完成させたのか。この点を鋭く解読しなければいけないと思っている。

私はかつて、祥伝社から毎年出している金融・経済ものの「エコノ・グローバリスト・シリーズ」の一冊『堕ちよ！　日本経済』（2000年刊）の中で、広瀬隆に向かって、「あなたはロスチャイルド家叩《たた》きばかりやっているけれども、どうして現在の世界を動かしているもっと大きな勢力であるロックフェラー家叩きはやらないのだ。傍流のベクテル（世界最大の建設会社。サウジの石油パイプラインもここが建設した）を暴いた本までは書くようだが。もしあなたがロスチャイルドとロックフェラーの両方をきちんと差別なく、大きくとらえて、両方の勢力を批判するのであれば、私はあなたと共同作業をしてもいい」というようなことを書いた。が、当然、彼からは何の連絡もなかった。

広瀬隆のロスチャイルド研究（『赤い楯　ロスチャイルドの謎』）が抱えている大きな欠陥は、情報のソース（源泉）の偏《かたよ》りであろう。どのような人々によって、広瀬隆にあれらの情報がもたらされたのか。

それはセリッグ・ハリソンというCIAの高官からであろう。このハリソンは、いつもはジャーナリストとか、「アジア核問題の専門家」という顔をしている。まるで民間人のふりをして、この30年間、日本や韓国、北朝鮮や台湾、そしてパキスタンやインドまでも含めた、各国の核兵器・原子力開発の、押さえつけの係をしてきた特殊人間である。

北朝鮮が激高すると日本に核ミサイルを撃ち込むだろう、という物騒なことを米議会の公聴会（パブリック・ヒアリング）で発言して、日本国民を脅す米政府の公式のアジア核問題担当の高官である。

おそらく、このセリッグ・ハリソンが、あの大著『赤い楯　ロスチャイルドの謎』を、広瀬隆に書かせたのだろう。

ハリソンたちCIA高官は、1970年代に、原発反対の市民運動家だった広瀬隆に近づいた。「この日本の反核運動の若者は、アメリカの戦略に合っているから育てよう。日本の原子力開発と核保有を阻止するために、資金と情報を与えよう」と育てたのである。

アメリカの高級情報将校
(核問題担当の高官)
セリッグ・ハリソン

核問題で、長いことアジア諸国に張り付いている。今も、堂々とジャーナリストを名乗って日本でもうろうろしている。この男が、北朝鮮にもよく政府特使で飛んでいる。日本の国会議員たちに、インタヴューをして回って「柔らかく脅《おど》し」をかけていた。おそらくこのハリソンが、広瀬隆に情報を与えて、ロスチャイルド叩きの大著『赤い楯　ロスチャイルドの謎』(集英社、初刊1991年、上下巻)を書かせたのだろう。

写真:時事通信社

世界のお役人である5大国（米・英・仏・ロシア・中国）以外には核兵器を持たせないようにするためにハリソンたちが存在する。

ハリソンは、米ロックフェラー家の息のかかった人間である。だからあのロスチャイルド家叩きの異様な本である『赤い楯』ができた。「ロスチャイルド一族こそがこの世の〝悪の源泉〟である」と、強烈に主張するために書かれたプロパガンダ本であり、日本の「陰謀論の本」の金字塔である。

副島隆彦は〝真実言論派〟である

私は、たくさんの本で「日本の陰謀論者たち」の主張の土台を切り崩してきた。あまりにも根拠のない、異星人（宇宙人）やら爬虫類人《はちゅうるいじん》（レプティリアン）などという、証明のできない〝お化け（妖怪《ようかい》）〟を、まるで実際に居るのだとおどろおどろしく故意に信じあって、喜んでいる薄らバカたち、すべてを退治してみせる。

「イギリスのエリザベス女王は、夜になると角が生える」だとか、「おどろおどろしい闇の支配者が世界を動かしている」と主張する愚かな人々を、私は、軽蔑《けいべつ》する。

私が不愉快なのは、私の本の読者の一部を含めて、この私自身がどうやら、「副島隆彦は、×陰謀論者の一種で、自分たちの仲間だ」と考えているらしいことである。私は、このことを最近知って、極めて不愉快である。私は、真実言論派《トゥルース・アクティヴィスト》であって、愚劣なる陰謀論者ではない。私は根拠のある主張しかしない。私は、一人でこの現状に唖然《あぜん》としている。×「陰謀論」なる言葉が安易に使われている現状に対して、私は怒っている。

私は、「闇の勢力がこの世界を支配している」という考えを認めない。

もし、そういう「闇の勢力」なる者たちが居るのならば、その者たちを表面に引きずり出さなければいけない。「裏に隠れている人々が、世界の政治・経済を動かしている」と、考えるなら、その特殊な人々を、表に出して、名指しして、徹底的に知識と言論と思想研究と、近代学問(science《サイエンス》)の力で、皆で公然と議論しなければいけない。それをしないで、「おそろしい陰謀論」とか、「秘密結社の奇怪な人々」という、不確かな言論が、日本中にまかり通っている。

私は、証拠と、確からしさからなる諸事実(facts《ファクツ》)の集合体しか信じない。たいした根拠もなく、確からしさが低い話を真実だと思い込んで、夢の世界をさ迷わないと、気が済まない人間たちとは、私は、理解しあえない。ものごとには限度というものがある。

私は、異星人や爬虫類人や地底人が存在する、と主張する者たちと、公然と公開で議論をしたい。

愚かなる夢の世界の話を、現実と故意に取り違えて、わけのわからないことを書き続けている者たちを私は、もうこのまま放っておくわけにはいかない。「世界の要人たちの本当の姿は、爬虫類人だ」（デイヴィッド・アイク説）を主張する者は、私に論争を挑んでください。

〝闇の支配者〟など存在しない

それでも確かに、今の世界の政治と、経済・金融を実質的に動かしている、一部の特権的な人々は存在する。ただし、それにいたずらに脅《おび》えたり、神秘的な幻想的な超自然の中に置いて、崇めることをしてはならない。現在の世界の最高支配者たちは、皆、公然と表に出てきている。各国の政治指導者や超財界人として、自由に動き回っている。

ヨーロッパの旧貴族たち（EU《イーユー》の中央議会の議員になっている）と、アメリカ合衆国の財界人たちは、「ビルダーバーグ会議《ミーティング》」（Bilderberg meeting）という超財界人の会議を定期的に開いている。それらの報道もなされている。

ロンドン家7代目当主

ハリウッド女優と浮名を流す ナサニエル・フィリップ(ナット)

25

ロンドン家の次期当主。1971年生まれ。1995年にモデルのアナベル・ニールセンと駆け落ち婚したが3年で離婚。米不動産王ドナルド・トランプの娘イヴァンカとも交際していた。

写真:Getty Images

ナタリー・ポートマン

『レオン』で映画デビューした。イスラエル出身で本名はナタリー・ヘルシュラグ。2006年頃にナットと付き合っていた。

写真:Getty Images

このビルダーバーグ会議の表面に出ているのが、「ダヴォス会議（「世界経済フォーラム」）」である。さらに、「米欧日三極《さんきょく》委員会」The《ザ》 Trilateral《トライラテラル》 Commission《コミッション》 がある。こちらは、デイヴィッド・ロックフェラー（97歳）が創始して、今も主宰している超財界人たちの会議である。２０１２年４月にも東京のホテルオークラで開催された。

ロスチャイルド財閥のロンドン本家のジェイコブも、ロンドン分家のイヴリンも、パリ家のダヴィドも、ダヴォス会議に出席して世界の金融界で、堂々と権力と影響力を行使している。

ロンドン本家現当主ジェイコブの長男で、やがてロンドン家7代目当主となるのが㉕ナサニエル・フィリップ（ナット）・ロスチャイルドである。ナットは女優のナタリー・ポートマンと浮名を流したりしながら、今は新興諸国で〝企業ころがし〟のようなことをして、利益を上げ堂々と動き回っている。

それでも、ヨーロッパのロスチャイルド財閥の力は現在は、相当に小さい。ロックフェラー家の財力と世界支配力に比べたら、かなり弱くなっている。ヨーロッパ諸国が、この１００年間かけて衰退した事実と相《あい》まっている。

「ロスチャイルド家の全体像」として私が説明してゆく場合に、その土台になるべき知識・情報において、「これは信じられる」「こちらは少し疑問だ」と私が判定（判断）し、「おそらくこれが一番正しいだろう」とロスチャイルド家についての知識・情報を確定しなければならない。

日本国内で最も簡潔に、明瞭にロスチャイルド家の全体像を紹介した文献として、この一冊を挙げるべきだ。

それは横山三四郎《よこやまさんしろう》という学者（戸板女子短期大学元教授）が書いた、『ロスチャイルド家　ユダヤ国際財閥の興亡』（講談社現代新書、1995年刊）である。この本は、日本におけるロスチャイルド研究の「定本」「定番」といってよい優れた本である。この事実も日本国内ではあまり知られていない。

この本の発行から今年で17年がたった。今なお、ロスチャイルド家についてはこの新書本が、最も簡潔に書かれている。ロスチャイルド家のみならず、ヨーロッパ・ユダヤ財閥問題に関して広範にかつ網羅的に書かれている。この事実を多くの人々が共有すべきである。

横山三四郎というあまり目立たない日本人学者が、なぜ、ここまで、正確にロスチャイルド家のことを集中的に調べて発表することができたのか、についても私たちは後で考えなければならない。

世界的なロスチャイルド家の研究をする人々の学会（学界）のようなものが存在するの

だろう。それに資金援助をしている団体が、どういう人々かまでを私たちは考えるべきである。私は、この横山三四郎という、真面目だが、裏のある感じのする学者が書いた、新書『ロスチャイルド家　ユダヤ国際財閥の興亡』を使って、以下の話も続ける。

この本に表れるロスチャイルド研究の成果の上に乗りながら、ロスチャイルド家の全体像を説明していこうと思う。そうすることが便利だからだ。この土台となる本の上に、接ぎ木するように私の視点を加えて、日本国民にとっての、より偏《かたよ》りのない明確な本物の「ロスチャイルド家の全体像」を概観できるようにしたい。これが私の狙いである。

ものごとは、大きく幹《みき》となる部分を初めに説明して、そのあと次第に枝となる細部の説明に至るべきだ。それで簡潔な大きな理解に到達する。このことが、「意欲的に知識を習得する」ということだ。大きな幹を理解しないならば、瑣末《さまつ》で小さな出来事や、たいして重要でない人物たちの人名の海に溺《おぼ》れてしまって、「欧州ロスチャイルド家の全体像」がわからなくなってしまう。

主要な26人の人物（像）について、説明し、それから枝となるそれぞれの細かな話を加える。そうやって、幹（全体の骨格）に枝葉をつけてゆこう。

そうすることで、読者の一人ひとりが、自分の頭の中に、「自分なりのロスチャイルド家の全体像」を作ることができる。

第1章
ロスチャイルド家の誕生

ヨーロッパを支配した

富の始まり

「宮廷ユダヤ人」としてのロスチャイルド

――ロスチャイルド財閥はいかにして成立したか

宮廷ユダヤ人とは何か?

❶マイヤー・アムシェル・ロスチャイルド（1743〜1812年）がロスチャイルド財閥のファウンダー、すなわち創業者である。

フランクフルトのゲットー＊で金融業を始めたのは、20歳のときである。

当然、このマイヤー・アムシェルの前にも、欧州各国にはすでに有力なユダヤ人の金融業者たちが存在していた。

何もロスチャイルドだけが初めから、ヨーロッパ全体の金融業を大きく支配していたわけではない。

ヨーロッパ各都市あるいは王家や大公（アーチデューク。国王の兄弟のような家柄）の家に出入りしていた金融業者（両替商）や税金徴収人たちの歴史を、まずは説明しなければならない。

彼らは「宮廷ユダヤ人」と称された。

国家権力と結び付いたユダヤ人の金融業者たちである。

＊ゲットー…中世のヨーロッパ諸都市に設けられたユダヤ人の強制居住地区。ユダヤ人弾圧の象徴だが、キリスト教支配が及ばない一面もあった。

ロスチャイルド財閥創業者

マイヤー・アムシェル

Meyer Amschel Rothschild（*1743〜1812*年）

1

金貸し・両替商の息子として生まれる。金融業の傍ら、古銭のカタログ販売も行ない、熱心な収集家であった皇太子ヴィルヘルムの知遇を得る。1769年に宮廷御用商人となった。

写真:アマナイメージズ

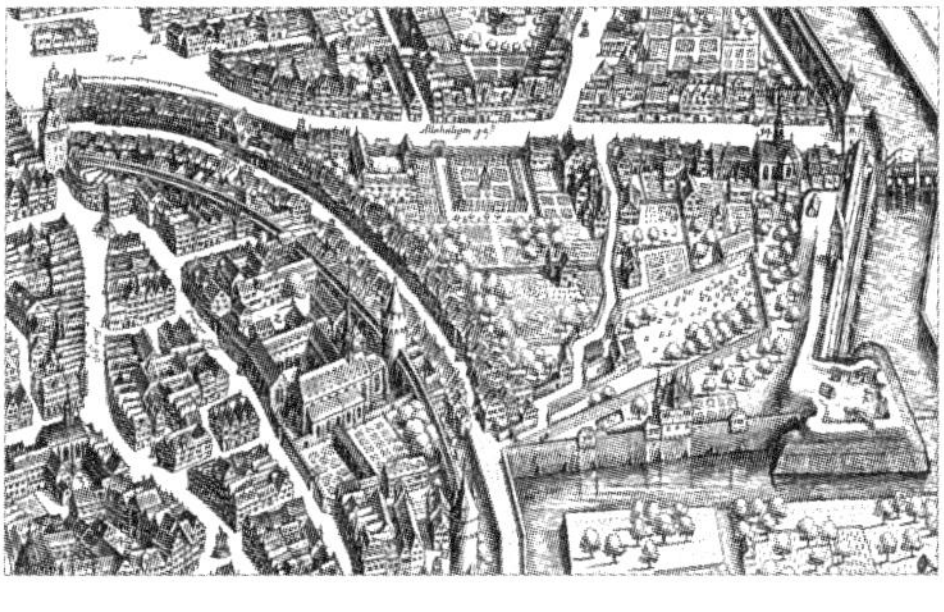

フランクフルトのゲットー
（1628年）

半月型の区画の周りを城壁と堀が囲む。猫の額のような土地に住居が密集していた。

王様に軍資金を用立て

ヨーロッパで、宮廷ユダヤ人という貴族化した金融家たちが出現したのは、17世紀ごろからだ。やがて、ザクセン公国やプロイセン王国が興り、ロスチャイルド財閥が宮廷ユダヤ人の中で目立つ存在となった。

彼らはヨーロッパ諸国の国王たちに、軍資金を用立て、国家相手の金融業で世界を動かすことになる。

国王たちは、「王の蔵《ファイナンス》」という自分の財宝の蓄えを持っていた。このフィナンス（王の蔵）から、現在の財政（finance）というコトバが生まれたのである。国王たちは、多くの宮廷従者や、兵隊を養わなければならないから、常に国庫（フィナンス）の資金は不足し、戦争のための軍資金も必要だった。

王様という残虐《ざんぎゃく》な人間は戦争が大好きだ。宮廷ユダヤ人たちは王様に、「王様。戦争をしたいでしょう。戦争をして、あの国を取りにゆきたいでしょう。王様、どうぞ戦争をしてください。必要なお金（資金）は、私がなんとか用立てしましょう。そのかわりその借金証書（ワラント）を書いて私めにください」と言って、言葉巧みに資金を貢《みつ》いだのだ。

この時、王様たちが書いて発行した、宮廷ユダヤ人への借用証書、借金証書が、現在の国債《こくさい》なのである。

今の言葉でいう国債（ナショナル・ボンド）そのものだ。国家の借金証書である。どうせこのお金は民衆から取り立てなければ済まない。

徴税請負人としての宮廷ユダヤ人

案の定、王様たちはその借金を返せない。どの国も借金地獄である。そこで宮廷ユダヤ人たちは、王様にこう囁《ささや》いた。「王様。お金は貸しました。お願いです。そのお金は、私に返さなくていいです。そのかわりに、新しい税金の項目をつくってください。そして、その税金を国民（王様の臣民。サブジェクトたち）から取り立てる権限を、どうか私めに与えてください。そうしたら、私が、立派に税金として取り立てます。それで、王様にお貸ししたお金は、返済してもらったことにしますので」と、言ったのだ。

そうやって借金証書を王様の目の前で燃やしてみせた。「なんという忠臣よ」と王様たちは感激した。借金漬けの王様たちは泣いて喜んだ。

このようにして宮廷ユダヤ人たちは徴税請負人《ちょうぜいうけおいにん》にもなった。

金融ユダヤ人たちは、こうやって、各国の国民を、借金の奴隷にしたのである。

歴史的にユダヤ人といえば「因業《いんごう》金貸し業」を営んでいたというイメージだけがある。が、それよりはもっと、徴税請負人としての残酷な役割を担ってきた面が重要なのだ。

過酷な税金の取り立て

王様（国王）から、徴税人の権限を与えられた宮廷ユダヤ人たちは、民衆から過酷な税金の取り立てを行なった。

貧しい庶民、農民たちの家に押し入って、隠している小麦や金品を穀物倉から引きずり出した。泣き叫ぶ農民たちを殴りつけ、蹴倒しながら、穀物やお金を無理やり奪い取った。

日本史でいえば、受領《ずりょう》や地頭《じとう》*どもがやったことだ。日本でもヨーロッパでも、どこの国でも同じことだ。

それは、現在の私たちでも同じである。毎月の税金の源泉徴収《げんせんちょうしゅう》（給料からの有無を言わせぬ「天引き」の制度）の過酷《かこく》さこそは、世の中の本当の中心であり実体《サブスタンス》だ。この人類の真実の歴史をこそ、私たちは見つめるべきだ。

ユダヤ人が憎まれた本当の理由

ヨーロッパの市民層《シチズン》（富裕層）や農民たちの苦しみの中心は、常にこの税金の厳しい取り立てに原因するものである。

だから、ユダヤ人に対する憎悪がヨーロッパ各国の一般民衆に沸き起こり蓄積された。シェイクスピアの『ベニスの商人』のシャイロックや、ディケンズの『クリスマス・キャロル』のスクルージーや、ドストエフスキー『罪と罰』の因業金貸し婆さんどころの話ではない。ユダヤの阿漕《あこぎ》な高利貸し程度のことで、ヨーロッパの民衆が、ユダヤ人をあれほど憎悪し、迫害したのではない。

だからフランス革命勃発後には、徴税請負人たちが革命政府の標的にされた。〝近代化学の父〟と呼ばれた化学者で、徴税請負人でもあったアントワーヌ・ラヴォアジエ（1743〜1794年）も、このとき、断頭台に送られて処刑されている。

受領や地頭…共に土地や農民などを管理した。受領は平安時代に、任国で政務を執行した最上席の国司職。地頭は鎌倉・室町時代に荘園・公領に設置された職。

金融情報のネットワーク
――ロスチャイルド財閥の5兄弟

初代マイヤーと5人の息子たち

❶マイヤー・アムシェルはフランクフルトに住み26歳のとき（1769年）に、ヘッセン大公国（後のプロイセン王家）の皇太子ヴィルヘルム9世（のちの選帝侯ヴィルヘルム1世）から宮廷への出入りを認められた。そして、ヴィルヘルム9世の財政・徴税担当者となって、1800年前後に浮上する。

初代マイヤーには、5人の息子がいた。「陰謀論」が大好きな読書人たちでも、よく知っている逸話である。「創業者のマイヤー・アムシェルが、5人の息子を、それぞれヨーロッパの主要な5つの都市に住まわせて、〝金融情報の

ヴィルヘルム9世
（1743年～1821年）
初代ヘッセン選帝侯。1803年から1821年まで在位した。

ネットワーク〟を築いた」という例の話である。この話だけは、皆よく知っている。そしてこれしか知らない。

この5人の息子たちが、いったいこのあと、何をやったのか、ということになると、もうわからない。名前さえ知らない。

西洋史の歴史学者たちが、時々、「ユダヤ陰謀論など私は信じないが、ロスチャイルド家の説明だけはする」というように、「客観的」を装って、この「創業者の5人の息子たち」のことを書いて、自分の薀蓄《うんちく》を披露する、ということはする。そして、それでおしまいだ。あとは何も書かない。彼ら5人の息子たちの、その後と、それぞれの家（家系）が、どのように続いたかを知るべきだ。そこで、私も、この「5人の息子たち」のことを説明する。

ヨーロッパ主要都市に拠点を築く

長男の❷アムシェル・マイヤー・ロスチャイルド（1773〜1855年）は、創業の地である北ドイツのフランクフルトに留まり、創業者で父マイヤー・アムシェルの名を、ひっくり返した「アムシェル・マイヤー」と名乗って生きた。

だが、アムシェルには子供がいなかったので、ドイツのフランクフルト本家の血筋は、2代目で途絶える。今は、ロスチャイルド家の女系の血筋*が、ゴールドシュミット（英語読みならゴールドスミス）財閥の名で、フランクフルトで活動している。本書P10のケイト・ミドルトンの母方のゴールドスミス家とつながっている。

女系の血筋…ロスチャイルド家の家訓により家業の金融業は男子しか継承できず、女子の配偶者の関与も認められなかった。

5兄弟の“金融情報のネットワーク”は有名な話

独自の郵便網や伝書鳩を活用して、欧州にネットワークを築いた。交通の要所や、主要都市ごとに専任のスタッフを常駐させた。

フランクフルト家 後継者

長男 アムシェル・マイヤー

Amschel Mayer Rothschild
（*1773〜1855*年）

父が死んだ1812年にフランクフルトの本家を継ぐ。母親のグトレと共にゲットー内で暮らしながら、大公国の財務管理を続けた。

写真:Getty Images

創業者の次男の、❸サロモン・マイヤー・ロスチャイルド（1774〜1855年）は、帝都ウィーンに派遣された。当時のウィーンは、ヨーロッパの中でもひときわ華やかな大都市で、絶頂期にあった。サロモンは、当時の強国（帝国）であったオーストリア＝ハンガリー二重帝国（ハプスブルク家）のメッテルニヒと共に栄えた。それでもこのヨーロッパ中央（中欧、Mittel Europa《ミッテル・オイローパ》）の帝国はイギリスとフランスの圧力で次第に衰退した。

あとの歴史から考えると、ウィーン・ロスチャイルド家はハプスブルク家と共に滅びた。

創業者の三男の❹ネイサン・マイヤー・ロスチャイルド（1777〜1836年）は、ロンドンに居を構えた。このネイサンが、大立者《おおだてもの》で、やがてロンドン分家なのに大きなロスチャイルドの主流、本流をつくっていく。

19世紀のロスチャイルド家は、ロンドンを中心に大英帝国（ブリテッシュ・コモンウェルス）を金融で支える世界財閥となったのである。

やがて、ロンドン家が、ロスチャイルド家全体の当主となる。フランクフルト創業家が（表面上は）途絶えた以上は、ロンドン家が、「ロンドン本家」と呼ばれるべきだろう。だが、この呼び名は、日本ではまだ確立していない。私も、どう呼ぶべきかで迷っている。だからこのあともロンドン家という言葉を使う。

以後、「NM《エヌエム》」というコトバが、ロスチャイルド財閥系の銀行や企業の名として多用され散見するが、それは、このロンドン家の初代のネイサン・マイヤー Nathan Mayer の頭文字のN.M. の省略表現《アブリビエイション》である。

3

ウィーン家 創業者

次男

サロモン・マイヤー

Salomon Mayer Rothschild
(1774〜1855年)

時の宰相メッテルニヒに取り入り、ハプスブルク家の金庫番となる。同業者を駆逐し、オーストリアで独占的な地位を築いた。

写真:アフロ

4

ロンドン家 創業者

三男

ネイサン・マイヤー

Nathan Mayer Rothschild
(1777〜1836年)

ワーテルローでのナポレオン敗退の報をいち早く掴むと、英国債を暴落させて、後に底値で買い占めた"ネイサンの空売り"で知られる。

写真:アフロ

四男の❺カール・マイヤー・ロスチャイルド（1788〜1855年）は、オーストリア帝国（ハプスブルク王家）が支配していた当時のイタリアの南のナポリを任された。

当時のナポリは、イタリア最大の商業都市である。カールは、イタリア全体の金融を取り仕切った。ナポリ家はやがて途絶える。

末息子の五男の❻ジェームズ・マイヤー・ロスチャイルド（1792〜1868年）はフランスのパリを拠点にした。このジェームズ（本名は、ヤーコブなのだが、イギリス式にジェームズとパリで名乗り続けた）が開いたパリ家も大きく繁栄して現在も続いてる。

ジェームズは、ロンドン家のネイサン・マイヤーに負けず劣らず優秀だったので、商才もあり、戦略《ストラテジー》も持っていた。

ナポリ家 創業者

四男

カール・マイヤー

Karl Mayer Rothschild
（*1788*～*1855*年）

1821年にナポリ公債の発行を引き受けた際に、欧州主要国の通貨すべてと換金可能にして、国際金融史上初の試みを大成功させた。

写真：アフロ

パリ家 創業者

五男

ジェームズ（ヤーコブ）・マイヤー

James Mayer Rothschild
（*1792*～*1868*年）

“鉄道王”として知られる。フランスの政変を乗り切り、巧みにその時々の権力者たちと手を結んだ。が、ナポレオン3世とは激しく対立した。

写真：アフロ

テンプル騎士団の正統の嫡子
——金融情報のネットワークの元祖とは？

テンプル騎士団とは何か？

❶マイヤー・アムシェルは、この５人の息子たちにヨーロッパの大都市を任せて「金融情報のネットワーク」を築いた。

このロスチャイルドの欧州金融ネットワーク（為替と地下銀行のネットワークでもある）は、古く遡《さかのぼ》ると１０９６年誕生のテンプル騎士団（シオン修道会）*のネットワークを模倣《もほう》したものである。

テンプル騎士団（The Order of Templars《ジ・オーダー・オブ・テンプラーズ》）とは、エルサレムのソロモン王の宮殿（神殿、temple《テンプル》）が在った丘に砦《とりで》・城を築いて占領した騎士たちから生まれた結社で、ローマ法王から公認された平《ひら》信徒（および少数の僧侶）の集団である。

十字軍Crusaders《クルーセイダーズ》は各国の王や貴族たちがローマ法王の命令のもと、聖地エルサレムの奪還・占領のために出征した。現在の国連平和維持活動（PKO《ピーケイオウ》、独裁的に反抗国家への軍事鎮圧・強制執行をする）もこの流れである。

シオン修道会…1099年にエルサレムで結成された秘密結社。シオンの丘のソロモン神殿にあるとされた聖杯を発掘し、保護することが目的であった。

イギリス・ロンドンにあるテンプル教会

12世紀後半にテンプル騎士団イングランド本部として建てられた。円形の教会で、内部には中世騎士の姿をかたどった墓（肖像墓）が安置されている。

為替の仕組みをつくった

重要な点は、テンプル騎士団が、金貸し業をやっていたことである。在家《ざいけ》の信徒の集まりであるから、卑しいとされたお金を扱っても構わないのである。そして、ヨーロッパ中の各都市に、為替のネットワークを持った。

テンプル騎士団が全欧州に張りめぐらせたネットワークは、たとえば次のように機能した。

商人や職人たちが旅行するときに、現金を持って移動すると危険なので、行った先々の都市で、生活費（現金）を手に入れることができるように、そのために「為替《かわせ》」の仕組みをつくった。テンプル騎士団は、金貸し業と同時に、為替業もやっていたのだ。為替は、外国送金（レミッタンス。ファンド・トランスファー）とも呼ばれるが、決して、実際の「送金」などはしない。

すべて、現地での、信用の連鎖による、資金の用立てである。

銀行業というのは、毎日の帳尻を合わせるだけで、本当に移動する現金量は、ものすごく小さいのである。

国際金融とは、為替の仕組みそのものを指すのだ。

現在は、外国為替公認銀行（江戸時代には両替商）という法律で、厳しい認可制になっている。

この銀行の信用力が国際金融をつくっている。決して現金が移動するのではない。現金は、まったく移動しないし、実際に送ることなどしない。

日本でいえば「お講」のこと

テンプル騎士団＝シオン修道会、というのは、日本でいえば、「お講《こう》」のことだとも理解すべきだ。

「お講」というのは、日本には古くからあった。たとえば江戸時代には富士山を見に行く講というものもあって「富士講《ふじこう》」という。

東京（江戸）には、いまでも到るところの公園や、お寺に、築山《つきやま》（富士塚。石で築き上げた小山）が残っている。それらの山の上に立つと、昔は本当に、富士山が見えた。これが富士講といって、岩がごろごろ集めてあって、積み重ねた、高さ20mほどの小山で、これで、富士山に登ったことと同じ御利益があると当時は人気を集めていた。

富士山信仰を、庶民が身近で実現しようとして、それでこういう「お講」を作った。

これでも立派な秘密結社であって、きっと、そこではかなり親密な「寄り合い」が行なわれただろう。

ここに、無尽講《むじんこう》というものが生まれた。無尽《むじん》とはみんなでお金を出し合って、くじで当たった者だけが、そのお金を使えることにした。

これが日本における銀行業の発生だ。多くの人が秘密で集まって、お金を出し合って、困っている人、あるいは一番ほしがっている人に貸すというようなことをした。こういった集まりが「講」である。この無尽講が、本当に銀行業の始まりなのである。

お金を融通し合うだけではなくて、資金をプールして必要な人に貸し与えることをした。これがやがて独立した業者となっていったわけで、日本人も中世からテンプル騎士団と同じような制度・仕組みを持っていたのである。

皆殺しとなったテンプル騎士団

テンプル騎士団は、全欧州に、資金の為替《かわせ》（信用流通）の金融ネットワークを築いて、繁栄した。

テンプル騎士団の騎士（ナイト）というのは、軍人とか侍という意味ではない。騎士《ナイト》とは、従者、軍属のことである。

軍事用のロジスティックス（兵站《へいたん》）を担当した特殊な人々である。

彼らの秘密の行動に怒った、フランス王フィリップ4世*が、自分が立てた傀儡《かいらい》の新ローマ法王と共に、緊急の勅令を出して、突如1307年10月13日に、欧州の主要都市で、一斉に、テンプル騎士団員を逮捕し皆殺しにした。この日が、「呪われた13日の金曜日」である。

フィリップ4世をはじめ多くの国王、諸侯たちは、テンプル騎士団から、巨額の借金（国債を引き受けてもらうこと）をしていた。この政治弾圧で王国たちは「国家の借金苦」（累積した財政赤字の返済の苦しみ）から一旦は逃れられたのである。

一斉の集団皆殺し（マサカ）に遭ったあと、テンプル騎士団の生き残りたちは、地下に潜った。そして密かに、商業活動、金貸し業で、ユダヤ商人として純化していく。

このテンプル騎士団の為替の仕組みや情報ネットワークの作り方を、ロスチャイルド家の初代マイヤーと5人の息子たちが真似《まね》したのである。

全欧州の金融ネットワーク

この「ネットワーク」なるものの恐ろしさは、現在の私たちにも、少しずつわかってきた。ネットワークを持つ者たちが、その国を支配するのである。

ロスチャイルド家は、シオン修道会＝テンプル騎士団が700年かけて築いた全欧州の金融ネットワーク（為替による信用制度）を、引き継いで、大きく隆盛した。だからロスチャイルド家は「テンプル騎士団の正統の嫡子」なのである。

フィリップ４世…フィリップ3世と最初の王妃イザベル・ダラゴンの子（1268〜1314年）。王の在位期間は1285〜1314年。美男王（le Bel、ル・ベル）と呼ばれた。

皆殺しにされた
テンプル騎士団（1307年10月13日）

火刑に処せられるテンプル騎士団最後の総長ジャック・ド・モレー。死の間際にモレーは教皇と王への呪いの言葉を発したという。
写真:Getty Images

一斉に逮捕されたテンプル騎士団員たちは、異教の偶像崇拝をしたなどの理由で次々と皆殺しにされた。
写真:Getty Images

ナポレオン体制との戦い
――反ナポレオン同盟としてのロスチャイルド家

この時のフランスは本当に世界最大の繁栄を誇っていた。対フランス、対ナポレオン同盟を構築した諸国を相手にして、一国で戦えるぐらいに強大な国だった。

ロスチャイルド家は、もともとが、後のプロイセン帝国（ドイツのホーエンツォレルン家*系の王家が築いた）の出入りの両替商、宮廷ユダヤ人であるから、ドイツの反ナポレオン諸国同盟の動きに加担していた。

すなわちロスチャイルド家は、反ナポレオン体制という形で成立したのである。

ロスチャイルド家はナポレオンの敵

ロスチャイルド家が、各都市にネットワークを築き上げた1800年前後というその時期は、ヨーロッパ全体がナポレオンの体制であった。

フランス大革命の「遺産」を引き継いで、1804年からヨーロッパ全土に進撃したナポレオンに対抗して、ドイツ、スペイン、それからロシアまでもが、激しく戦った。戦いの中からそれぞれに国民国家《ネイション・ステイト》が生まれた。

ホーエンツォレルン家…ブランデンブルク選帝侯、プロイセン王、ドイツ皇帝を輩出した名門一族。始祖は南西ドイツのシュヴァーベン地方の貴族とされる。

ロスチャイルド家の宿敵
フランス皇帝
ナポレオン・ボナパルト
(1769〜1821年)

『書斎におけるナポレオン』(ジャック・ルイ・ダヴィッド画、1812年)

ヨーロッパの覇者（〝皇帝〟にまでなった）ナポレオンからしてみれば、ロスチャイルド家・ユダヤ商人連合こそは自分の真っ正面の敵であった。

三男坊のネイサンの活躍

そのナポレオンが完全に打ち破られたのが1815年の「ワーテルローの戦い」である。

❶マイヤー・アムシェルとその三男坊の❹ネイサン・マイヤー（ロンドン分家の創業者）は、ナポレオンと文字通りの死闘をしている。

イギリス王家の金融・財政面を支えたネイサンは、アーサー・ウェルズリー（初代ウェリントン公爵）の反ナポレオン連合軍の軍隊に、馬車で自ら軍資金を運ぶという危険なことまでも

アーサー・ウェルズリー
(1769〜1852年)
初代ウェリントン公爵。ワーテルローの戦いを率いた。「鉄の公爵」(Iron Duke)と呼ばれた。

やった。

後に「ワーテルローの戦い」でナポレオンに勝利するウェリントン公爵のイギリスの軍隊は、このとき、スペインに立てこもって、反ナポレオンの戦いを準備していた。

そこへ、父親の負託を受けたネイサン・マイヤーが、馬車に乗って、みずからの命をかけて、資金を届けた。もしヨーロッパ大陸を支配していたナポレオン軍につかまってしまったら、拷問に遭って殺される。ロスチャイルド家は、そういう危険な冒険までして、やがて勝ち抜いていったのである。

反キリスト教の一族

ロスチャイルド家は簡単に言うと反キリスト

ワーテルローの戦い（1815年6月18日）
イギリス・オランダ連合軍とプロイセン軍が、ナポレオンのフランス軍を破った。

教の人々である。彼らは、ユダヤ教から改宗したカトリック教徒だったり、改宗しないままのユダヤ人だったりする。

表面上は、在家の熱心なキリスト教徒のふりもした。

マイヤー・アムシェルの四男坊❺カールが、イタリアの古い商業都市であるナポリを拠点にしたのも、中心都市のローマが、ローマ法王のバチカンのおひざ元だったからである。

カールはこれを嫌って、ナポリに居を構えたのだ。

しかしこのナポリのロスチャイルド家*は、その後、途絶えている。

女系の筋は、オーストリアやスイスやイタリアの主要都市に今も残っているのだろうが、男系としてのハッキリした姓名では残っていない。

ロンドン家とパリ家以外は没落

もともとの創業の地のフランクフルトのロスチャイルド家（旧本家）も、さっさと2代目で男系としては断絶している。

フランクフルトを任された長男坊の❷アムシェルには子供がいなかった。彼は、1855年（ペリーの浦賀来航の3年後）に死んだので、ナポリ家の四男坊カールの長男のマイヤー・カール（1820～1886年）が、養子に入って、フランクフルト家を継いだ。マイヤー・カールが死ぬと弟のヴィルヘルム・カール（1828～1901年）が、さらに養子に入り、フランクフルト家の最後の当主となった。

そしてヴィルヘルムの娘のミンナ（1857

＊ナポリのロスチャイルド家…1860年にカールの次男でナポリ家を継いだアドルフ（1823～1900年）がイタリアの革命から逃れてフランクフルトへ移住し消滅した。

～1903年）が、ゴールドシュミット家に嫁いだ。このあと女系は続いていて、今も〝金融の都〟フランクフルトに、ゴールドシュミット（ゴールドスミス）財閥がある。前述したとおり、ケイト・ミドルトン（キャサリン妃）はこのゴールドスミス家の血筋である。

ゴールドスミス夫妻

キャサリン妃の母方の祖父母ドロシー・ハリソン（左）とロナルド・ゴールドスミス（左）。

さらに、オーストリア＝ハンガリー帝国の首都のウィーンで活動した次男坊❸サロモンのウィーン家も、断絶する。

オーストリアというのは、今はすっかり小さな国だが、1916年まではヨーロッパにおける大国であった。さらに遡《さかのぼ》れば18世紀からのヨーロッパの帝国である。神聖ローマ帝国の帝都がウィーンである。イギリスもフランスも王国にすぎないのであって帝権までは主張できなかった。

世紀末ウィーンの芸術と文化

ヨーロッパで唯一の皇帝を名乗れる家柄であるハプスブルク家の運命について考えなければならない。ハプスブルク家は重要だ。

ハプスブルク家から出たフランツ・ヨーゼフ1世（1830〜1916年）は、1848年に即位して、1916年に死ぬまで、68年間ずっと皇帝だった。日本の昭和天皇の在位は約62年間である。

しかし19世紀末から、徐々に衰退し、帝国は計画的に解体されていった。文化と芸術の都でもあったウィーンは、「ウィーンの世紀末の退《たい》嬰《えい》と繁栄」と呼ばれる爛熟《らんじゅく》した芸術と退廃文化（高級娼婦たちの都）であり、作家のフランツ・カフカやワルツ曲「美しく青きドナウ」を作曲したヨハン・シュトラウスらが代表する。18世紀にはモーツァルトもベートーヴェンもウィーンにやって来て音楽家として成功した。

繁栄の極致にありながらウィーンの都には年間1万人の捨て子があったという。まさしくバブル経済の頂点を突き抜けたのが、「世紀末の都、ウィーン」と呼ばれたオーストリア帝国である。

マリア・テレジアの時代

この時のオーストリア皇帝、フランツ・ヨーゼフ1世の祖父は、2代前の皇帝であるフランツ2世（1768〜1835年）である。このフランツ2世のとき、〝神聖ローマ皇帝〟の称号を自ら放棄して、オーストリアとハンガリーだけの二重帝国（Augleichi《アウグレイヒ》）となった。

彼は生涯に、4回結婚した。その妻の一人に、ナポリ王国とシチリア王国が合併してできた「両シチリア王国」の王、フェルディナンド1世の娘であるマリア・テレジア（1767〜1827年）がいる。彼女の名は、彼女の祖母である

サロモンと共に動いたメッテルニヒ

クレメンス・メッテルニヒ
（1773〜1859年）

外相時代にウィーン会議を主宰。オーストリア宰相として、"ウィーン体制"を築いた。

〝女帝〟マリア・テレジア（１７１７〜１７８０年）にちなむ。この2人のマリア・テレジアは混同されやすい。この〝女帝〟マリア・テレジアの娘が、マリー・アントワネットである。

彼女はフランス国王妃となって、１７８９年に勃発したフランス大革命で、ギロチンにかけられ、国王ルイ16世に次いで処刑台に消えた。

宰相メッテルニヒと共に

オーストリア＝ハンガリー帝国の政治家として、ナポレオン時代以降を生き延びたのが、メッテルニヒという総理大臣である。

フランツ2世の時代に、宰相《チャンセラー》（総理大臣）のメッテルニヒが、権謀術数《けんぼうじゅっすう》の政治を行ない、ウィーン家のサロモンは、このメッテルニヒと一緒に動き続けた。

この2人が権力を握るために仕組んだのが、1830年の「7月革命」である。

ところが、メッテルニヒは、1848年のウィーン革命（都市暴動）*によって追放される。それで、同じくウィーンのロスチャイルド家もほぼ潰れてしまった。

サロモンの邸宅も群衆や軍隊に襲撃されたり、燃やされたりした。ロスチャイルドたちは命からがら隠れたり国外に逃れた。

1850年に、サロモンの長男のアンセルム（1803〜1874年）がウィーンに戻って、ロスチャイルド商会を再建した。

だが、アンセルムの次の世代には、ロンドン家やパリ家のような力はもうなかった。ウィーン家は、1855年のサロモンの死と共に、徐々に衰退していったのである。ウィーン家の血筋は細々と続いたが、1938年のナチスドイツによるオーストリア併合で途絶えた。

近代世界史の臍《へそ》

だから、ロスチャイルド家の全歴史の中では、三男坊ネイサンが創設したロンドン家と、五男坊❻ジェームズが創設したパリ家が重要になってくる。

ロンドン家のネイサンとパリ家のジェームズ。この2人を中心に、このあとはロスチャイルド家の全体像を見ていかなければいけない。

それが、近代世界史を理解する上での臍《へそ》の部分である。


ウイーン革命（都市暴動）…1848年2月にフランスで勃発した2月革命が欧州各地に波及し3月革命となった。ウイーン革命もその一つ。ウィーン体制が崩壊した。

第2章
ロスチャイルド家の世界覇権

大英帝国の黄金期と
ヨーロッパの繁栄

欧州バブル時代とロスチャイルド家

──19世紀に繁栄したロンドン家とパリ家

ロンドン家とパリ家が中心に

前章で「ロスチャイルド家の創業者の5人の息子たち」の概要を説明した。

ここまでなら、よく知られている話だ。たいていの物知りは知っている。ところが、このあとの、ロンドン家、パリ家の2代目以降の当主たちのことが判然としなくなる。

ロスチャイルド家の家系図の全体図を飽《あ》かず眺めていても、たくさんの似たような人物名が続くので、あまりに複雑で混乱してしまう。

いくら「ロスチャイルド家の秘密を自分は知りたい」と強く思っても、家系図を眺めているだけで、何年かがすぐにたってしまう。いったい、誰が誰だか、ちっともわからない。だから、実感を伴って、ロスチャイルド家の話がわかる日本人はいない。このように私は断言しておく。

フランクフルト本家が断絶している以上、このあとの欧州ロスチャイルド家の話は、代わって本流となったロンドン家の話を柱にしてゆくべきだ。

ロスチャイルド「ロンドン家当主7人」だけの家系図（❶から❼が当主）

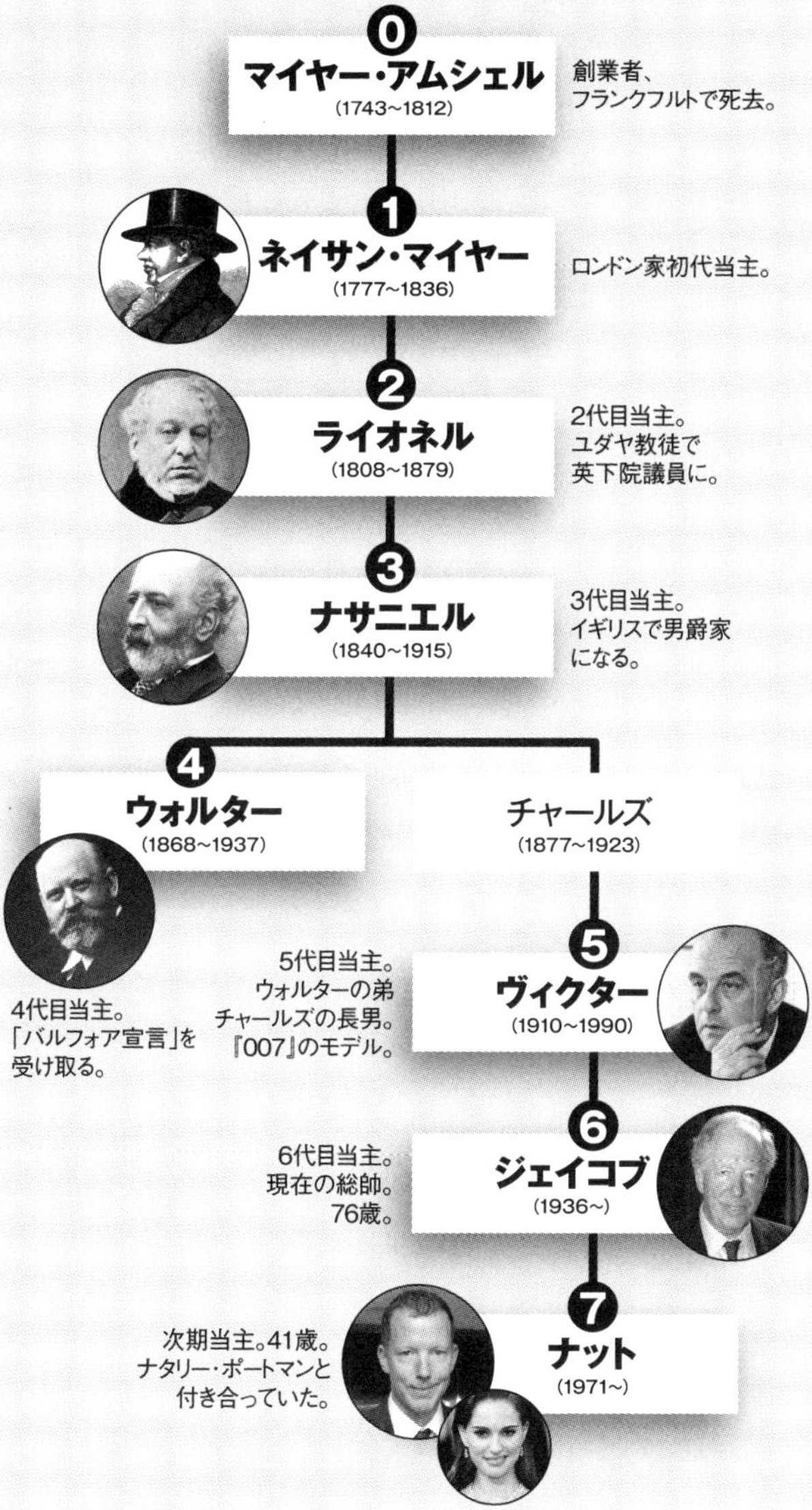

⓪ マイヤー・アムシェル (1743~1812)
創業者、フランクフルトで死去。
❶ ネイサン・マイヤー (1777~1836)
ロンドン家初代当主。
❷ ライオネル (1808~1879)
2代目当主。ユダヤ教徒で英下院議員に。
❸ ナサニエル (1840~1915)
3代目当主。イギリスで男爵家になる。
❹ ウォルター (1868~1937)
4代目当主。「バルフォア宣言」を受け取る。
チャールズ (1877~1923)
❺ ヴィクター (1910~1990)
5代目当主。ウォルターの弟チャールズの長男。『007』のモデル。
❻ ジェイコブ (1936~)
6代目当主。現在の総帥。76歳。
❼ ナット (1971~)
次期当主。41歳。ナタリー・ポートマンと付き合っていた。

ロンドン家の歴代当主（首領）を、初代の❹ネイサンから、現在の㉓ジェイコブ（6代目）、㉕ナット（7代目）に至るまでをしっかりとP65の家系図で覚えてほしい。

同時に、ロンドン家と肩を並べて、現在も繁栄しているパリ家の、❻ジェームズ（初代）から現在の㉒ダヴィド（5代目）に至る当主たちについてもP67の家系図でしっかりと知るべきだ。

鉄道の時代が到来

大英帝国がナポレオンを最終的に打ち破ったのは、１８１５年だ。だからこのあと海軍力で地中海までもイギリスが制圧した。

１８３０年代になると、ヨーロッパは鉄道建設の時代に突入する。鉄道こそはロスチャイルドの最大の財産源だったのである。技師のトーマス・スティーブンソンがつくった蒸気機関車《スチーム・ロコモティブ》と鉄道《レイルロード》という、まったく新しい産業技術による革命が起きた。案外この鉄道革命を私たちは軽く考えている。

１８３０年にイングランドの北西部のマンチェスターとリヴァプールの間に史上初めての鉄道が引かれた。

すると、ウィーン家の初代当主の❸サロモン・マイヤー（１７７４～１８５５年）が、鉄道というものの革命的な意味にすぐに気づいた。そして、この技術に飛びつき、早くも１８３５年にウィーンとボヘミアの間96㎞の鉄道事業に着工した（フェルディナント皇帝鉄道）。

さらにサロモン・マイヤーは、オーストリア

ロスチャイルド「パリ家当主6人」だけの家系図（❶から❻が当主）

⓪
マイヤー・アムシェル
(1743〜1812)
創業者、
フランクフルトで死去。

❶
ジェームズ・マイヤー
(1792〜1868)
パリ家、初代当主。
“鉄道王”と呼ばれる。

❷
アルフォンス
(1827〜1905)
2代目当主。
ロイヤル・ダッチ・シェル
を奪い取る。

❸
エドゥアール
(1868〜1949)
3代目当主。
戦時下のヴィシー政権
で耐え抜く。

❹
ギー
(1909〜2007)
4代目当主。
「自由フランス」で
戦車隊長。
戦後、パリ家を
復興させる。

❺
ダヴィド
(1942〜)
5代目当主。
ロンドン分家と
手を組み、
NM銀行会長に。

❻
アレクサンドル・ギー
(1980〜)
次期当主。

皇帝から、鉄道建設の免許（特許状）をもらって、中欧（ミッテル・オイローパ）やイタリアやハンガリーにまで、どんどん鉄道を敷いていった。それが、1860年代から90年代まで続く。1890年代には、重油機関車であるディーゼル・カーの時代が始まる。

　パリ家の初代当主・ジェームズ・ロスチャイルドは〝鉄道王〟と呼ばれた。

　ジェームズは、はじめは鉄道の意義を認めなかったが、ほどなく、ものすごい力を持つことがわかった。この後、ジェームズは、パリから北のほうに延びる〝北方鉄道《レール・ド・ノルド》〟*の大鉄道網を建設していく。

　欧州ロスチャイルド家は、鉄道事業によって、金貸し資本（王様たち相手の金融業）から産業資本に成長していったのである。当然、周辺の土地が、値上がりしていった。日本でいえば、まさしく三井ロスチャイルド系の渋沢栄一《しぶさわえいいち》と小《こ》林一三《ばやしいちぞう》である。

株式投資市場の始まり

　ヨーロッパ各国の民衆は、鉄道の時代の到来に熱狂的に同調した。この鉄道線路をヨーロッパの各地に、どんどん引いていくための資金を広くヨーロッパ中の富裕層から集めるようになった。

　これが債券と株式（英語ではシェアあるいはステイク。米語ではストック）という投資・資金運用の大衆化の始まりである。

　本格的に株式会社制度と有限責任という考えが広まっていった。有限責任（コルポライツィ

北方鉄道…1845年に設立された。翌1846年に大事故を起こしている。これが欧州で反ロスチャイルドの声が高まる一因ともなった。

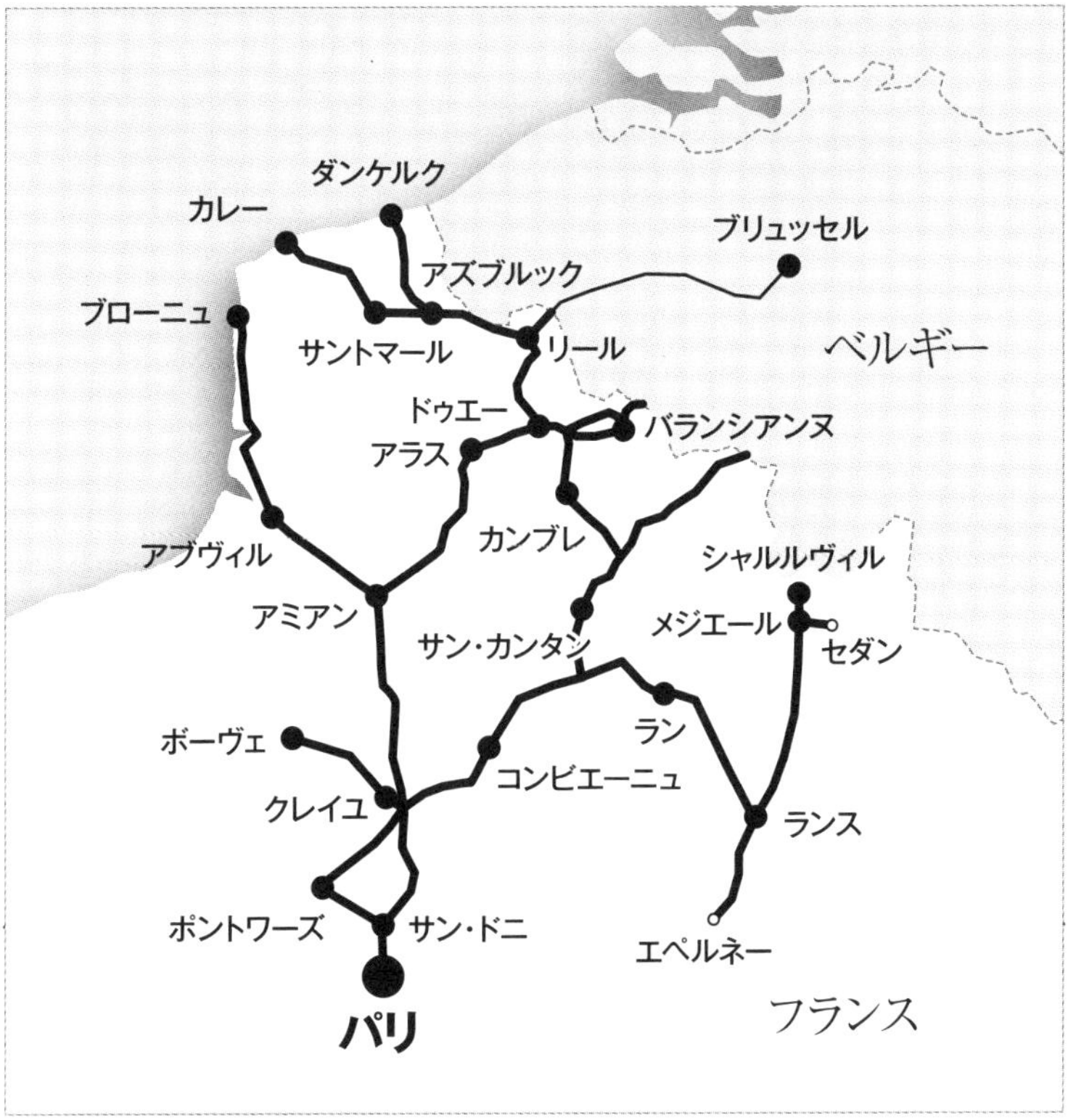

北方鉄道の路線図（1853年）

パリからベルギー国境までを結んだ北方鉄道。
フランスの北部地方とベルギーの鉱山資源の輸送用にも使われた。

写真:アマナイメージズ

パリ家 初代当主

“鉄道王”ジェームズ

鉄道事業への参入で、ロスチャイルド家は産業資本家という一面も併せ持つこととなった。

オーン）の始まりは、17世紀の東方貿易のための船主たちの共同出資からだ。

　ロスチャイルド家は、鉄道債券を一般国民（ただし富裕層と市民層）にまで公募して、売るようになった。それで、買った債券（株式でもある）が値上がりして大儲けする人々が現れた。それがお金儲けの欲ボケと、強欲《グリード》の行動となり、過熱して投機《スペキュレーション》となった。その挙句に、鉄道債券が大暴落することもたびたび起きた。

　バブルとその破裂だ。いつの時代も変わらない。パリとウィーンで、ヨーロッパの富裕層（大富豪や貴族ではない上層市民《シトワイヨン》たち）相手に売り出された。19世紀中ごろからのこの鉄道債券《クレディ・モビリエ》のブームが、実質的に欧米での株式投資市場の始まりである。株式仲買人《ストック・ブローカー》たちも出現した。

　このようなバブル経済が、1850年代からのヨーロッパ全体を覆っていたのである。巨大な成長経済である。

ペレール兄弟との闘い

　この頃のフランスは、ルイ・ナポレオンの時代である。

　ルイ・ナポレオンは、「ナポレオン3世」を名乗り、自分ではヨーロッパ皇帝のつもりであった。が、実際は、1830年のパリ7月革命で王位についた、前の国王ルイ・フィリップを謀略で追い出して、実権を握った男だ。

　ロスチャイルド家があまりにも、強力な政治力を発揮するものだから、1848年から権力を握りフランス国王となったこのナポレオン3世は、ロスチャイルド家を激しく嫌うようになった。

ナポレオン3世は、ペレール兄弟を重用した。ペレール兄弟も、ユダヤ商人で、鉄道技術に大変詳しかった。

それで、パリで「クレディ・モビリエ銀行」（動産《どうさん》銀行。鉄道などの新しい産業に投資する銀行の意味）をつくって、必要な資金集めを債券にして国民にも売って、熱狂的に歓迎された。

このペレール兄弟は、オーストリア（＝ハンガリー二重）帝国にも進出して、彼らの動産銀行が、帝国の国有鉄道の払い下げを獲得した。ここでナジ家という、ハンガリーの民族資本と組んだ。

これに対して、ロスチャイルド家は、反撃に出て、ペレール兄弟の発行する鉄道債券（株券）を暴落させる手口を使った。


ウィーン・ロスチャイルド家の初代当主であるサロモンの息子、アンセルムが「クレディート・アンシュタルト銀行」をつくって、ペレール兄弟に対抗して、全く同じ手口で資金を集めた。

かつオーストリア＝ハンガリー帝国の国有鉄道の株式までも大量に買い集めた。これらの作戦を主導したのは、パリ家のジェームズとロンドン家の❼ライオネル（2代目当主）である。

このあと、フランス国王のナポレオン3世が、メキシコ遠征で資金を湯水のように使った。かつ、普仏戦争（1870年）までして敗れて捕虜になった。このプロシアとの戦争は、ロスチャイルド家に仕組まれて、ナポレオン3世が手を出してしまったものだ。

プロシアとフランスの和平交渉は、パリ家保有の「フェリエールの館」※で行なわれた。このときのフランス側代理人が、パリ家2代目当主❽アルフォンス（1827〜1905年）だ。プロシア側代理人は鉄血宰相ビスマルクの財政顧問ゲルゾーン・フォン・ブライヒレーダーである。ブライヒレーダーは、フランクフルト家の息のかかった宮廷ユダヤ人で、ビスマルクは頭が上がらなかった。真実は家来《けらい》であった。

ナポレオン3世に加担しすぎたペレール兄弟は、フランスとオーストリアの戦時公債《ウォー・ボンド》をあまりにも引き受けすぎて、没落する。それらがフランスの敗戦とともに紙クズとなって大損をした。

憎まれたロスチャイルド家

これらの鉄道債券や戦争国債は、現在の2007、2008年のアメリカのニューヨークで発行された不動産担保証券《モーゲージ・バックド・セキュリティーズ》や投資信託《トラスト・ファンド》の大暴落が起きたことと非常によく似ている。

現在のクレジット・デリバティブ（金融バクチ商品）と、約150年前のヨーロッパの当時の鉄道公債は、まったく同じようなものである。

バブルは、必ず弾けるのである。妙な話だが、本当にバブルは弾けるのだ。

弾けるまでは誰も気づかない。人間は思ったほど賢くない生物だ。自分も他の人たちと同じように、大儲けをしたいという欲ボケと妬《ねた》み心で、投資して大損する。

欲をかいた人々の行動は、いつの時代も、同じであり、これからもまた繰り返す。

ロスチャイルド家は、この時代にヨーロッパ

フェリエールの館…相続税対策で1960年代にフランスに寄贈された。ウィーン家の「ワドスドンの館」も同じく税対策でナショナル・トラストに寄贈された。

ロスチャイルド家と闘ったペレール兄弟

兄のヤコブ（左）と弟のイザーク（右）。兄弟は、もともとはロスチャイルド家に近くユダヤ系。ジェームズの鉄道事業に協力していた。だが後に対立した。

写真（左右2点）：アマナイメージズ

普仏戦争（1870年）の敗者ナポレオン3世（左）と勝者ビスマルク（右）。ビスマルクもロスチャイルド家に操られていて、本当は力がなかった。

各国の大衆から憎しみと妬《ねた》みの対象となる。これが反ユダヤ感情となってヨーロッパ中に蔓延《まんえん》した。

彼らが大富豪であり、国王や政治家たちまでも操って、自分たちの富をどんどん増やしていくということが、次第に人々に露見《ろけん》し、知られるようになる。

ロスチャイルド家に叩き潰された競争相手の金融業者や鉄道業者たちの恨み、つらみもこれに加わる。これは、ユダヤ商人、金融ユダヤ人への人種差別的な憎しみや反感となっていく。

戦乱のない平和な時代

重要な事実は、歴史を大きく見た場合、ナポレオン3世が失脚した（王政が壊れた）1871年から、第一次世界大戦が勃発する1914年まで、40年間にわたってヨーロッパ全土で大繁栄（大成長）が続いたことである。

全ヨーロッパは長い間、大きな戦乱のない平和な時代がずっと続いたのである。

だから19世紀全体がヨーロッパ貴族と富豪たちにとっての大繁栄の時代だった。少なくとも、1871年の普仏《ふふつ》（プロシアとフランス）戦争のあとは、もう大きな戦乱はなかった。

それ以前の18、19世紀の200年間のヨーロッパの戦争にしてみても、小競り合いである。各国の国王たちの相続争いから生じた、いがみ合いや国境紛争である。

それらは専《もっぱ》ら傭兵《マーシナリー》（プロの雇われ職業戦闘人間）たちによる、互いに手加減ありの小競り合いの戦争である。

1870年代からずっとヨーロッパで起きていたのは、都市暴動だ。貧乏な庶民や労働者階級が生活苦や賃金の不満で、暴れ出す民衆革命（暴動）がたびたび起きた。

しかし労働争議や民衆暴動程度では、ヨーロッパの富豪や王族たちは、たいして堪《こた》えない。宮殿を焼かれたりしたら、大変なことだが、総体としては、ビクともせずヨーロッパの富豪（ユダヤ大商人）や貴族の大繁栄が続いた。ヨーロッパは、バブル経済が続いたのである。私たち日本人が今、大きく理解しなければいけないのはこのことだ。

だから、この1870年代から、1914年まで、南仏のコートダジュール地方のニース、モナコ、カンヌなどに、ヨーロッパすべての大富豪や王族たちが、競って豪華な別荘を建てた。海沿いに豪勢な建物が立ち並んだのである。

はじめに、この南仏の高級別荘地帯に豪邸を建て始めたのは、イギリス人たちである。「アングレイ」と呼ばれた。ナポレオンを1815年に最終的に打ち破った後は、大英帝国は海洋帝国《シー・エンパイアー》であるから、地中海までもイギリスが支配したからだ。

ヨーロッパは平和で各都市が、火の海になるような大戦争がなかった。小さな戦争は専ら、ヨーロッパの列強《パワーズ》が植民地として次々に占領支配していったアジアや南米諸国で起こした。

それらは、ヨーロッパ文明人が、職業軍人たちによる現地での原住民たち（日本民族を含む）相手の〝土人〟を上から見下ろして行なう代理戦争だから、小競り合いである。日本の幕末・明治維新や日露戦争もこれと同じである。

ロンドン家と大英帝国の絶頂期

——金庫番となって世界覇権を支えた

金融街シティから議員に立候補

ロンドン家初代当主の❹ネイサンは、富豪ではあってもユダヤ人として差別されていた。

２代目の❼ライオネルは、ユダヤ人差別に敢然と立ち向かった。英下院への挑戦もその一つだった。１８４７年、ライオネルは、ロンドンの金融街シティから立候補し当選したのである。ところが、ユダヤ教徒のライオネルは、新約聖書での宣誓を拒否した。伝統的な貴族たちは激高し、議席につくことを認めなかった。ライオネルは、旧約聖書（モーゼ五書《トーラ》）での宣誓が認められるまで、立候補を繰り返し、当選し続けた。そして11年後の１８５８年に議会側が折れるまで闘い続けた。

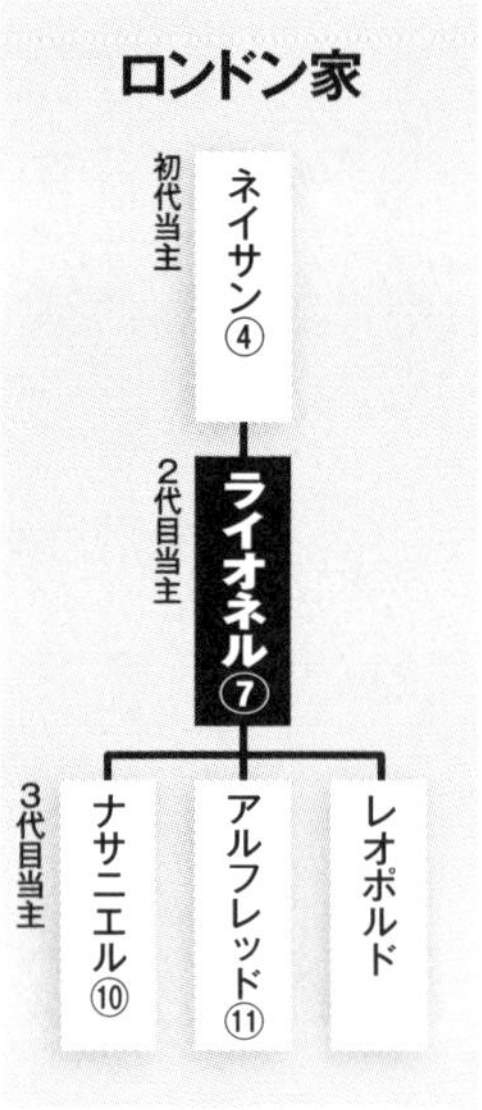

ロンドン家 2代目当主

2人の宰相を操った ライオネル

Lionel de Rothschild（*1808〜1879*年）

7

“ヴィクトリア女王の金庫番”だったライオネル。議員の義務であった新約聖書での宣誓を拒否し続けた。

写真:Getty Images

英下院でのライオネル（1858年）

1858年7月26日、ライオネル（中央）が英下院に入り、議員たちに紹介される様子を描いた絵。

グラッドストーンとディズレーリ

ライオネルがイギリス下院議員となった頃のイギリス議会は、宰相《さいしょう》（総理大臣）はグラッドストーンとディズレーリの時代である。

グラッドストーン（自由党党首。リベラル市民の代表。だが相当に狡猾）と、ディズレーリ（保守党党首）が、互いにイギリス議会で争いながら、何十年にもわたって、交互に宰相《プライムミニスター》（首相）を務めた時代である。そして本当はライオネルが、この2人を大きく、裏から操った。

ディズレーリは隠れユダヤ人《クローゼット・ジュー》であった。ディズレーリは、ライオネルが政治家として育てた人物だ。

ビクトリア女王は、特にディズレーリのほうを寵愛《ちょうあい》したといわれる。

ということは、その背後で、ライオネルが動いて、ヴィクトリア女王に、巨額の資金を国家財政として貢いだ、ということだ。

ライオネルの手厚い支援がなければ、隠れユダヤ人であるディズレーリが当時の世界帝国の首相にまでなれたはずがない。

大英インド帝国の誕生

このライオネルの時が、大英帝国《だいえいていこく》（The《ザ》 British《ブリティッシュ》 Commonwealth《コモンウェルス》）の絶頂期だ。

19世紀の100年間で、ロスチャイルド家は、ヨーロッパ各国で暗躍し、反対勢力を謀略で追い落とした。世界中の途上国（日本を含む）を植民地や属国にして、相当に強引なことをたく

ライオネルの子分
ベンジャミン・ディズレーリ

保守党。イギリス史上、唯一のユダヤ人首相。首相を２度務めた。ライオネルとは毎晩食事を共にするほどの関係だった。

ディズレーリと争った
ウィリアム・グラッドストーン

保守党から自由党に鞍替えした。ディズレーリの宿敵。ヴィクトリア女王との不和でも知られる。首相を４度務めた。

さんやった。

世界中の途上国の政治と経済を裏から握って、それぞれの国の人々を苦しめた。

インドのムガール王朝（帝国）を、１００年かけてじわじわと制圧し、ついに正式に１８５１年に滅ぼして、大英帝国の属領とした。こうやって大英インド帝国ができたのだ。

この、大英インド帝国のことを「イングリッシュ・エムパイア（The English Empire）」という。これは、「イングリッシュ（イギリス人）によって支配征服されている（インド）帝国」という意味である。

この１８５１年にディズレーリが、ヴィクトリア女王にIt's yours, Madame.「マダム。これ（このインドという国は）あなたのものですよ」と言って差し出したら、ヴィクトリア女王は、Thanks you.「ありがとう」と一言、言ったのである。

大英帝国の極東支配

そして、この時代が、極東《きょくとう》（Far East）では、中国の阿片《あへん》戦争と、太平天国の乱の時代である。イギリスが、いろいろ阿漕《あこぎ》なことをして、計画的に戦乱を起こさせ、そして、まんまと中国を植民地にして暴利を貪《むさぼ》った。

この時から、中国は、イギリスその他の欧州《ヨーロピアン》列強《パワーズ》に分割されて支配されていった。中国にとって苦難の時代の始まりとなった。だから一番悪いのはイギリスだ。

同じく隣国の日本でも、まさしく明治維新と呼ばれる時代だ。その後、日本の強制開国と、

イギリス女王
ヴィクトリア

ハノーヴァー朝の第6代女王。大英帝国の絶頂期を象徴する存在だった。在位期間は歴代イギリス国王の中で最長の63年7カ月。

ヴィクトリア女王に1851年、インドの王冠を献上するディズレーリ(左)を描いた風刺画。

日本の「隠れたイギリス属国時代」がずっと続いた。

日本を金《きん》（小判）の流出などの恐ろしい手段を使って屈服させた本当の黒幕は、ライオネル・ロスチャイルド卿なのだ。そして、その息子の⑩ナサニエル（第3代当主）だ。

他の列強国（powers）への遠慮で、イギリスは、日本を公然と属国にできなかった。が、日本は実質においてイギリスの属国となった。

実際に、日本の天皇は少年時代からイギリス式の教育を受け、昭和天皇はまさしくイギリス式の日本国王であった。今でも日本の皇室は内心でイギリスびいきである。

この全く同じ時期に、中国は、イギリスに阿《あ》片《へん》戦争を仕掛けられ、太平天国の乱があってイギリスの属国になったのである。

スエズ運河を乗っ取る

ロスチャイルド家は、19世紀までは大悪事をたくさん働いた。たとえば、ライオネルは当初、スエズ運河（1869年開通）の重要性を認めなかった。

フェルディナン・ド・レセップスというフランス人の技師が世界的な思想で構想し計画して実行した。このスエズ運河を、最初はバカにして相手にせず投資もしなかった。

そのくせに、その重要性に気づくや、汚い手法を使って、あとからその運河経営権の株式を半ば騙《だま》しの手口を使って乗っ取っていった。

建設の資金不足に苦しんでいたレセップスやエジプト大公の足元を見て、株式を安価で買い占めた。

ロスチャイルド家の爵位
——ロンドン家3代目から男爵家となる

ハプスブルク家が持つ叙任権

ロンドン家の2代目の❼ライオネルが、1858年に下院議員となって27年後の1885年に、3代目の当主の❿ナサニエル（1840～1915年）は貴族の爵位*を授けられて男爵《バロン》となっている。

ロスチャイルド家の他の当主たちを男爵に任命したのも、ハプスブルク家である。どうもイギリス国王ではない。

ハプスブルク家は、1806年に神聖ローマ帝国をナポレオンにやめさせられて、〝オーストリア＝ハンガリー二重帝国〟とかなり小ぶりになった。

それでもハプスブルク家（ウィーン）だけが、ヨーロッパ各国の貴族たちの叙任権を持つ、本当のヨーロッパの皇帝家なのである。

イギリスもフランスもたかだか国王でしかない。

ハプスブルク家系統の貴族の血筋の人たちが、今のEU議会を主導しているそうだ。

貴族の爵位…オーストリア帝国では1822年にロスチャイルド5兄弟およびすべての嫡出男系子孫に対して男爵の称号が与えられている。

男爵家となったロンドン家

ロンドン家2代目のライオネルにはまだバロン（男爵）の称号はついていない。

イギリス社会の表面では、ユダヤ人であることはまだ蔑《さげす》まれることであって、公然とは、イギリス貴族たちの仲間入りはできない。

しかし、1688年の名誉革命、権利章典の頃から、ユダヤ商人たちが、オランダからウィリアム3世（オレンジ公ウィリアム）と共に、彼に隠れるようにして、イギリスに上陸して、イギリスのあらゆる市場を席巻《せっけん》している。

そして、イギリス貴族たちと政略結婚（閨閥《けいばつ》をつくる）してどんどん貴族の称号を身につけるようになっていた。

ナサニエルの代からロスチャイルド家は、男爵家となった。男爵までは平民あがりでもなれる。

ヨーロッパの貴族制度は「公《こう》・侯《こう》・伯《はく》・子《し》・男《だん》」という。これらは英語でいうと、上から順にDuke《デューク》, Marquess《マーキス》, Earl《アール》, Viscount《ヴァイカウント》, Baron《バロン》となる。

一番上の貴族は公爵《デューク》を名乗る。公爵というのは日本でいえば藩主クラスである。

みずから国王級の広い領土を持っていて、王

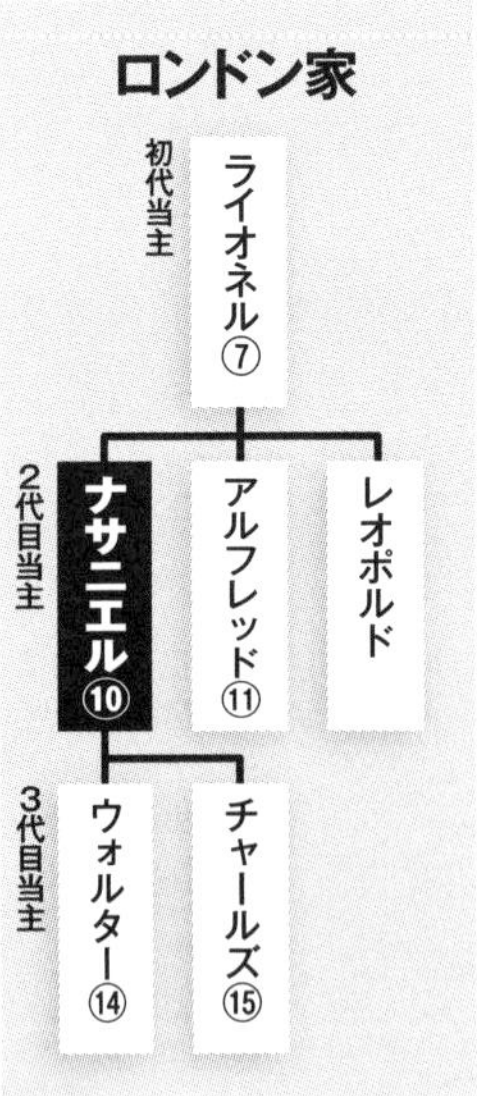

ロンドン家 3代目当主

初代男爵の
ナサニエル

Nathan Mayer Rothschild（*1840*～*1915*年）

写真:アマナイメージズ

父ライオネルの極東戦略を引き継ぎ、日露戦争を支援。大番頭格のヤーコブ・シフ（P95参照）に日本の戦時公債を引き受けさせた。ロンドン家で初めて爵位（男爵）をもらった。

五爵と准貴族

	日本	イギリス	フランス	ドイツ
五爵	公爵 コウシャク	Duke デューク	Duc デュク	Herzog ヘルツォク
	侯爵 コウシャク	Marquess マーキス	Marquis マルキ	Margrave マルグラーフ
	伯爵 ハクシャク	Earl アール※1	Comte コント	Graf グラーフ
	子爵 シシャク	Viscount ヴァイカウント	Vicomte ヴィコント	——
	男爵 ダンシャク	Baron バロン	Baron バロン	Freiherr フライヘーア
准貴族	准男爵 ジュンダンシャク	Baronet バロネット	——	——
	士爵 シシャク	Knight ナイト※2	Chevalier シュヴァリエ	Ritter リッター

※1 "Earl"は男性伯爵（イギリスのみ）。女性伯爵は"Count"。 ※2 "Knight"は男性士爵。女性士爵は"Dame"。

様を名乗れるぐらいの資格が、大公《アーチヂューク》（国王の兄弟）とか公爵《こうしゃく》という位である。

男爵というのは平民がなれる最高の位だ。バロンというのはそもそもは平民出身という意味である。

准男爵《じゅんだんしゃく》（Baronet）に至っては本当に平民である。ライフ・ピア（life peer）と言って、一代貴族《いちだいきぞく》という意味だ。自分だけの一代だけの貴族だから、自分の子供には爵位は受け継がれない。

ビートルズの4人組は、女王陛下から准男爵の爵位をもらった一代貴族である。

准男爵で、サー（Sir）を名乗る人たちがいる。この人たちは日本でいえば、武士階級のような人たちである。

明治維新とロスチャイルド家
――ロンドン家もパリ家も日本に進出

徳川幕府も討幕派も操る

ロンドン家の❼ライオネル（1808〜1879年）の長男で、3代目当主になった❿ナサニエル（1840〜1915年）は、父親の教えをよく守り政策を引き継いだ。世界の各地域（regions《リージョンズ》）への、大英帝国＝《イコール》ロスチャイルドの支配を順調に続けた。極東《ファーイースト》の日本と中国に対するロスチャイルド家の戦略も、大きくはロンドン家が握っていた。

それに対してパリ家は、それに正面から対決する勢力ではなく、それを補完する役割である。パリ家の❻ジェームズが、日本の徳川家（江戸幕府）を支援した人だ。それに対して、ロンドン家は全く逆の戦略を取った。ロンドン家は、徳川幕府を打ち倒して新しい政府（政治体制）を日本につくらせようとした。

当時のロンドン家の2代目当主のライオネルは、日本の西南雄藩《せいなんゆうはん》と呼ばれる倒幕派の「薩《さつ》・長《ちょう》・土《ど》・肥《ひ》」の4つの外様大名《とざまだいみょう》を裏から支援して、操った。ロンドン家のライオネルが、伊《い》藤博文《とうひろぶみ》と井上馨《いのうえかおる》を日本の最高実力者になるように育て、そして操ったのである。

上海からやってきたユダヤ商人たち

幕末から明治維新にかけての日本を背後から操ったのは、上海の租界《コンセッション》からやってきたロスチャイルド系のユダヤ商人たち*である。

その少し前に日本を強制開国しに来たのは、1853、54年のマシュー・カルブレイス・ペリー提督（少将クラス）が率いたアメリカ海軍の遠征隊（エクスペディショナリー）である。

しかし、アメリカはこのあと1861年4月に始まった南北戦争（~1865年）のために、日本や中国など、アジア諸国の支配占領どころではなくなった。

南北戦争というアメリカ国内の内乱《ザ・シビル・ウォー》で多くの国民が死んだ。だから、日本のことなどにかまっていられなかった。

その隙間を突いて、イギリスのロスチャイルド・ユダヤ人たちが日本にやってきた。イギリスがすでに中国をひどくイジメて占領していた（阿片戦争、1840~42年）。イギリスの柄の悪い商人たちが、日本の神戸や横浜にじわじわと5港開港と同時に上陸したのである。

“隠された”イギリス属国時代

前述したとおり、日本を強制的に開国させて、大きな商館を建てて、金《きん》（小判）流出などの手段で日本を屈服させた本当の黒幕は、ロンドン家2代目当主のライオネルと息子で3代目当主

ユダヤ商人たち…ジャーディン・マセソン商会の横浜支店がその尖兵であった。長州五傑（井上聞多、遠藤謹助、山尾庸三、野村弥吉、伊藤博文）を支援した。

伊藤博文

初代内閣総理大臣。"明治の元勲"は大英帝国利権の代表であった。

井上馨

初代外務大臣。1863年に伊藤博文と共に渡英。大英帝国に育てられた。

のナサニエルである。

ライオネルが、伊藤博文と井上馨の2人をロンドンに呼び寄せて、日本の最高指導者にした。ライオネルの周りの人間たちが、伊藤博文たちをロンドンで育てて、いろいろ資金の援助をし、知識を与えて、やがて日本を支配管理させるための人材として送り返したのである。

こうして日本の「隠されたイギリス属国支配」が、幕末・明治維新の頃から始まった。

伊藤博文たちは、明治時代になってから、ことあるたびに外遊して、ライオネルたちから「次は中央銀行をつくれ。その次は、憲法典だ」と命令されながら、日本の国家プランを実現していったのである。

今でも伊藤博文は、なぜかNHKの大河ドラマの主人公にならない。

三井財閥とロスチャイルド家

ロスチャイルド家は、当時の世界中の最高情報を握っていた。大きな意味ではまさしくそこが世界の最高司令部なのである。ロスチャイルド家にしてみれば、極東の新興国の日本国の場合は誰を抑えておけば、上手に管理できると、〝上からの目〟で全て見透していたのである。

ライオネルは「日本にはイギリスのような先進国の政治制度は似合わない。プロイセン（プロシア）ぐらいがちょうどいいだろう」と考えて、伊藤博文らにプロイセンから来ていた二流の憲法学者ルドルフ・フォン・グナイストとローレンツ・フォン・シュタインを紹介する。このグナイストにロンドンで家庭教師をしてもらって作ったのが明治憲法典である。

どうしても欧米列強と並ぶ立派な近代国家のふりを日本はしなければいけなかったために、小身の男たちが明治天皇以下無理に無理を重ねて、ドイツ・プロイセン式の軍服に身をつつみ、芸者あがりの奥さんたちにローブ・デ・コルテを着せて、努力した。

それがあの1889年2月11日「憲法発布の日」の絵（帝国万歳憲法発布略図）である。

このように大きく考えると、世界史と日本史がつながっていることがわかる。

そして、幕末に、上海からやってきたロスチャイルド家と組んで、日本の金融を動かす財閥となっていたのが三井財閥である。

越後屋（今の三越デパート）＝三井商店は、江戸時代を通じて、両替商、為替業で、すでに

「帝国万歳憲法発布略図」1889(明治22)年

楊洲周延・画。1889(明治22)年2月11日に大日本帝国憲法が発布され、日本は近代憲法を有する立憲君主国家となった。

日本最大の金融資本であった。

日本の為替や両替は、まさしく三井財閥が握ってきたのだ。たとえば江戸の三井の商店の窓口で、「50両を、大阪に住む誰それに払ってくれ」と伝えたら、手数料を5両とか取られて、大阪の三井の窓口で受取人が45両を受け取る仕組みとなっている。

両替商は双方の間の信用を取り持った。実際に50両を飛脚が運んでいたわけではない。これが為替の仕組みだ。ロスチャイルド家が欧州全体に張りめぐらした、前述した金融情報のネットワークと同じである。

三井は、質屋業みたいな金貸し業、為替業で大きくなっていったのである。ロスチャイルド家と全く同じような成り立ちをしている。

だから日本では三井がロスチャイルド家の勢

力となった。そして「政友会《せいゆうかい》」系の政治家たちを金の力で動かしたのである。だから伊藤博文と井上馨の2人は、三井＝ロスチャイルド家の総代理人であった。

伊藤と井上の時代が終わった後の、ちょうど入れかわりの時期に日本の三井＝ロスチャイルド家の総代理人になったのが、高橋是清《たかはしこれきよ》と松方《まつかた》正義《まさよし》である。

ロンドン家3代目当主のナサニエルが、高橋是清や松方正義に、一生懸命あれこれ教えた。

そして、1904年に、ロシアとの戦争（日露戦争）が起きる。高橋是清と松方正義は、戦争の軍資金を獲得するためにロンドンで奔走した。

このとき、極東（東）でのロスチャイルド家（すなわち大英帝国）の権益を守るために、1000万ポンドの資金を提供した（日本国債を引き受けた）のが、ナサニエルである。

ナサニエルは、自分の代理人として、息子（次男坊。ロンドン家4代目当主の弟）の⑮チャールズを日本に送り込んで情勢の視察をさせている。日露戦争の前年（1903年）のことである。このチャールズが、京都で芸者たちと遊んでいる写真が残されている。

日本へ、実際に資金を出したのは、当時すでにヨーロッパ屈指の金融業者であったクーン・

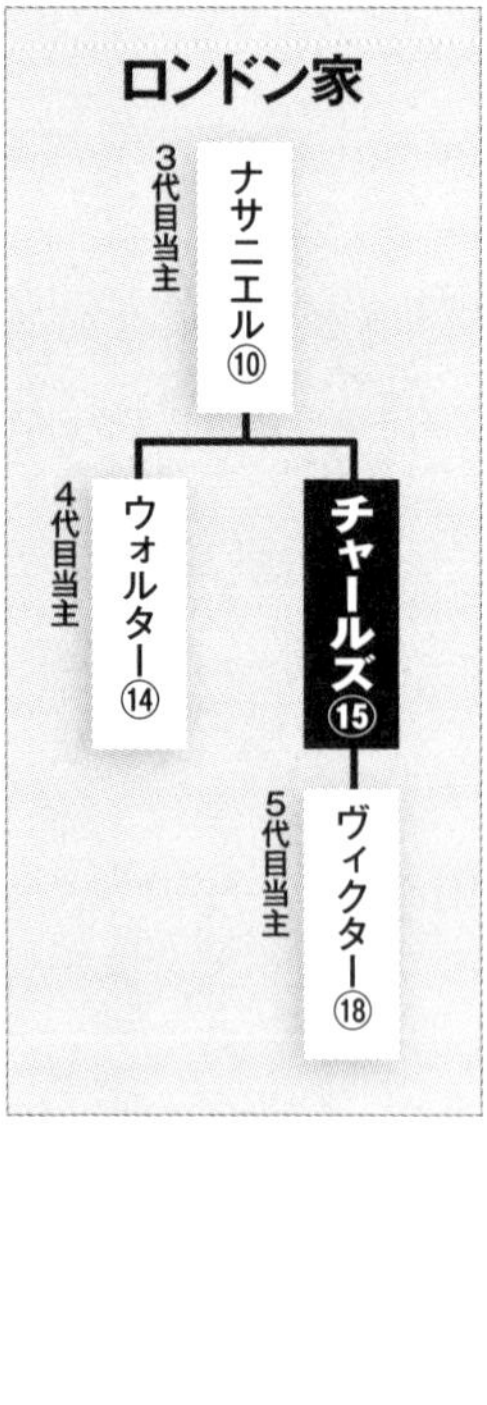

ロンドン家

1903年に来日したチャールズ

Nathaniel Charles Rothschild（*1877〜1923*年）

銀行業の傍ら、兄のウォルター（P147参照）と共に博物学の研究もした。脳炎に苦しみ自殺した。 写真:Getty Images

来日時のチャールズ。芸妓と。「日本は天国だ」と手紙を出している。写真は『DEAR LORD ROTHSCHILD』（ミリアム・ロスチャイルド著）より。

ロープ商会（英語ではキューン・ロープと発声する）のヤーコブ・シフだ。彼は、ロスチャイルド家のアメリカにおける大番頭格であった。

このヤーコブ・シフたちを交渉相手にして、高橋是清が、日露戦争の軍資金を調達する仕事を、ロンドンで行なったのである。

イギリス政府とイングランド銀行も、日本国政府の国債、すなわち国家の借金証書の引き受けに保証を与えた。大英帝国はロシア帝国の極東での拡張を望まなかったからである。

国家・大企業レベルの金融業

今に伝わっているエピソードだが、宮澤喜一《みやざわきいち》氏が若い頃、池田勇人《いけだはやと》首相の随行員として、1961年にヨーロッパで日本国債の引き受けを依頼しに行った。

このときに、日本側が「明治時代に日本政府がロスチャイルド家から借りた借款《しゃっかん》（融資金）の分は、古い話で事実関係が明瞭でないので、返済できない」というようなことを言ったら、周りをズラリと取り囲まれた、という宮澤元首相の証言がある。

すなわち「借りた金はきちんと返せ」という思想でこのヨーロッパ金融ユダヤ人の原理はできているのである。

だから、ロスチャイルド家が大陰謀をめぐらす集団だというのは間違いである。彼らの本業は、あくまで国家・大企業レベルでの金融業なのである。各国の政府（あるいは国王）に融資をして、それを国債の形で引き受ける《アンダーテイキング》というビジネスモデルである。

この国債（国家の借金証書《ナショナル・ボンド》）の買い取り（＝借金の保証）ビジネスで、ヨーロッパ各国の政府や国王たちを操って、言うことをきかせてきた。

お金を貸している側の力というのは、ものすごく強いのである。

ヤーコブ・シフ（ジェイコブ・シフ）
アメリカのユダヤ人銀行家。1906年に明治天皇から勲一等旭日大綬章を贈られた。

パリ家につながる日本政治家

日露戦争のときに、松方正義と共に動いた高橋是清という人は人格的にも立派な政治家である。彼は原敬《はらたかし》によって育てられた男だ。

さらにその原敬を育てたのが陸奥宗光《むつむねみつ》である。陸奥宗光は、誠実な幕臣の榎本武揚《えのもとたけあき》と深い同志愛で結ばれていた。

この松方正義、原敬、陸奥宗光、榎本武揚は、フランス政府とその背後のジェームズおよび❽アルフォンス・ロスチャイルドの支援を受けていたフランス派の日本政治家である。

江戸城が無血開城されると、榎本は、江戸城内に駐屯していたフランス一個中隊と共に幕府軍を率いて、開陽丸《かいようまる》という２５００トンもの大きな、当時最大の幕府の船で、函館五稜郭まで逃走した。

ここで蝦夷共和国なるものを樹立して新政府と対立した。しかし、1年で倒された。

そのときのフランス派の幕臣の代表が榎本武揚であった。

陸奥宗光は、函館戦争で降伏して逮捕されて投獄された榎本武揚の命を助ける運動をしている。

そのせいで、陸奥宗光自身も5～6年、牢屋に入れられた。

陸奥宗光は、坂本龍馬の亀山社中《かめやましゃちゅう》や海援隊《かいえんたい》に加わっていた男である。

このとき、パリ家のアルフォンス・ロスチャイルドが明治政府の伊藤博文に圧力をかけて、榎本と陸奥を助けている。

明治政府内での連携と拮抗

助命された榎本武揚は、幕府の勘定奉行・外国奉行だった小栗上野介忠順《おぐりこうずけのすけただまさ》の家来で、腹心だった。

この小栗忠順が日本に来ていたフランス全権公使 special envoy（スペシャル・エンボイ、今でいえば大使）のレオン・ロッシュといろいろ交渉をした。

それでフランス政府（すなわちフランス・ロスチャイルド家）の裏書きをもらって、200万ポンドの多額の融資金を得たのである。これで幕府を立て直せるという戦略を練っていた。だから、幕府方の人間はフランスのロスチャイルド家とつながっていたのである。

そのお金は今の横須賀にある横須賀工廠《こうしょう》（今

は米軍がほとんどを占拠している）をつくる資金になって、日本における製鉄や造船業の基盤ができた。

小栗忠順の系統の陸奥宗光、榎本武揚が助命されて、なんと海軍大臣と外務大臣になった。陸奥が、例の不平等条約の改正をやった。パリでウィリアム・シーボルト（フォン・シーボルトの長男）を側近、通訳として使った。

大きくはロスチャイルドの力だ。こうしてヨーロッパのフランス・ロスチャイルド家の力も日本国内に温存された。

だから、明治政府の内部には、ロンドン家と

高橋是清
第20代内閣総理大臣。"ダルマ宰相"と呼ばれた。2・26事件で暗殺された。

松方正義
第4代・第6代内閣総理大臣。明治天皇からの信頼が厚く、大勲位も受章した。

パリ家の連携《れんけい》と拮抗《きっこう》があったのである。

パリ家が育てた渋沢栄一

そして、パリ家創業者のジェームズの長男坊アルフォンスが育てたのが、渋沢栄一《しぶさわえいいち》である。

彼が実質的に日本銀行の創立者である。渋沢が、徳川幕府の御用商人として1860年（万延《まんえん》元年）に、パリの万博《まんぱく》（万国博覧会）に出品作業をするために渡った。

渋沢のパリ行きを推薦したのは、幕末期の三井の大番頭の三之村利左衛門《みのむらりざえもん》という男だ。三之村は、小栗忠順の中間《ちゅうげん》（使用人）をやっていた優秀な商人である。

渋沢は、このときに、パリ家2代目のアルフォンスに、目をかけられ抜擢された。そして、日本での近代銀行業を教え込まれた。渋沢栄一を直接育てたのは、フランスの財務大臣であったレオン・セーである。

第一国立銀行の設立

渋沢栄一が東京に帰って、すぐ明治維新（1868年、明治元年）である。そして日本に、第一国立銀行*を作る話が出る。

そのアイデアは、実は伊藤博文が、サンフラ

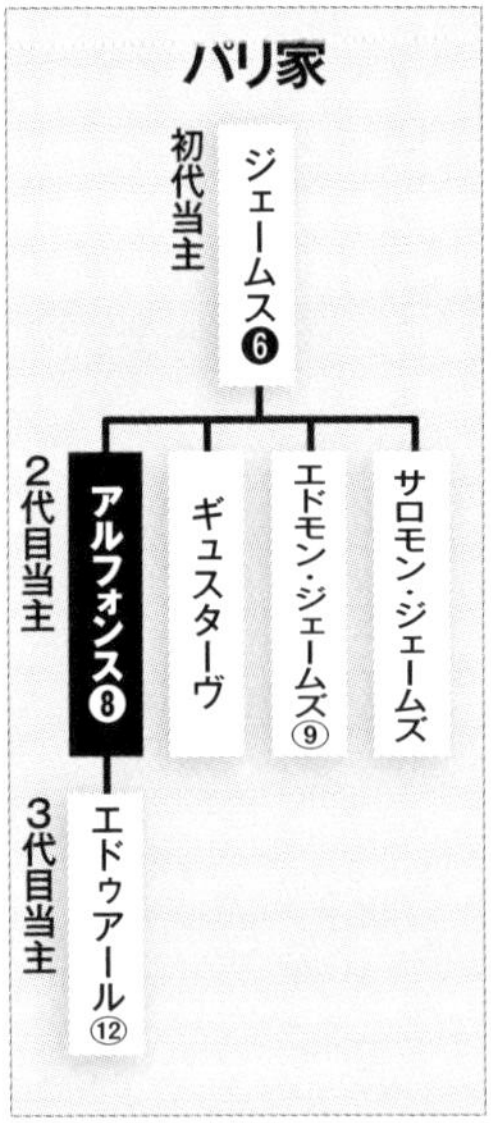

第一国立銀行…現在の三井住友銀行（2003年設立）とみずほ銀行（2002年設立）の源流をたどると、この第一国立銀行に行きつく。

パリ家 2代目当主

渋沢栄一を育てたアルフォンス

Alphonse James de Rothschild（*1827〜1905*年）

8

フランスの金庫番。ライオネル（ロンドン家2代目当主）の娘レオノーラと同族結婚した。 写真:アマナイメージズ

レオン・セー

複数のロスチャイルド系企業で重役を務めた後、フランス財務大臣となった。

渋沢栄一

幕末から大正初期にかけて、多くの企業設立に関わった“日本資本主義の父”。

ンシスコとニューヨークまで視察と称して、いろいろ習いにいったときに、生まれたものだ。1873（明治6）年には実現した。

伊藤は、ライオネルから「ベルギー型、あるいはドイツのライヒス・バンク（帝国銀行）型の中央銀行にしろ」と助言されたのだろう。

渋沢は、伊藤と井上の意向を受け、また三井財閥の当主ともいろいろ話して、ニューヨークの第一銀行《ファースト・バンク》あるいはナショナル・バンク方式にした。

このナショナル・バンクを「国立《こくりつ》銀行」と訳したから初めからおかしな話になったのだ。本当は株式会社である私有銀行である。

渋沢が、この第一国立銀行《ファースト・ナショナルバンク》の頭取として銀行業を始め、やがてこれが今の日本銀行になっていく。その隣には、今も三井銀行本店が建っている。その脇は、日本橋・三越本店である。

だから渋沢栄一は、パリ家のジェームズの息子のアルフォンスに育てられた、日本におけるフランス利権の代表である。

その渋沢が、第一国立銀行の頭取になったことで、日本におけるロスチャイルド・ロンドン家の系統と、パリ家の系統との融合がなされたのである。

第3章
ロックフェラー家と闘ってきたロスチャイルド家

新興大国アメリカに奪われた

世界覇権

米ロックフェラー家との覇権争い

——勃興《ぼっこう》する新興大陸アメリカの石油財閥

石油の発掘

今の世界（地球）をまだ支配しているのは、明らかにアメリカであり1870年から石油財閥として成り上がったロックフェラー財閥である。証拠はたくさんある。

今から142年前の1870年に、スタンダード・オイル・カンパニー（スタンダード石油会社）がニューヨーク市、そしてニュージャージー州で設立された。これが今のエクソン・モービルである。アメリカのこの新興財閥は石油とともに勃興した。

石油という新しいエネルギーの開発とともに興り、石油の時代という大きなエネルギー革命の申し子として、20世紀の世界全体を支配したのである。

米ロックフェラー家の創業の基本となった石油は、ある日、急に地面にピューッと噴き出したわけではない。アメリカのドレイク大佐という山師《やまし》（鉱山を掘り当てて一攫千金を狙う開発業者）が、五大湖の一つのエリー湖のほとりで、地表に湧《わ》き出ていた石油を1859年に掘削《くっさく》することに成功した。それまでにもインディアンたちが煮炊き用に使っていたようだ。

「掘削」がどういうものかは、ここでは説明しない。ペンシルベニア州という東部の大きな州は、内陸に延びて五大湖にまでつながっており、ここに今でも「オイルシティ」という石油事業が始まった記念の町が残っている。

巨大なエネルギー革命

ロックフェラー家の創業者であるジョン・D・ロックフェラー1世（1839〜1937年）は、高校を中退して16歳で商売を始めて、オイルシティから近くのオハイオ州クリーブランドという商業の町の市場で、雑貨類の仲買商人をやっていた。彼は、いち早く石油の重要性に気づいた。

だから、掘り出されて樽《バーレル》に詰め込まれたドロドロの黒い石油を卸し業として扱うようになった。このわずか6年前の1853年に、日本にペリー提督のアメリカ東インド洋艦隊（遠征隊）が、鯨を捕る船に薪と水を安全に与えるようにという要求をしに来ていた。

当時は、鯨の油からロウソクを作り、明かりとしていた。それが、石油ランプの出現で一気に鯨漁は廃《すた》れたのである。これが、巨大なエネルギー革命だった。

この「ロックフェラー家の石油がエネルギー革命を起こした」という大きな事実を、なぜか日本国内では、この100年間まったく教えようとしない。私がこの事実（史実）を書くまでは、日本国では、誰も知らなかった。不思議な話である。

日本人は、敗戦後の67年間ずっと、現在までロックフェラー家が操るアメリカ政府の意思でいいように洗脳《ブレインウォッシュ》されている国民だ。だからこのような重要な歴史事実さえ、誰も知らないで、世界から取り残されたまま、おかしな国民にされている。それでいて、自分たちを先進国の人間だと思い込んでいる。何か言えば、すぐに「ロスチャイルド家が陰謀を企んでいる」と、書いて騒ぐ連中が絶えない。この大きな間違いを私は正しく訂正しなければ済まないのである。

ロックフェラー財閥の誕生

石油が、煮炊き用の燃料や、暖房や明かりとして取引されるようになるのは、１８５９年に掘削に成功してすぐ後の60年代からである。

それからその10年後には、大都会であるボストンやフィラデルフィアやニューヨークに鉄道の線路――あるいはその少し手前は馬車で――を敷いて、石油の輸送網ができている。この輸送網を敵対的買収で、次々と同業者を策略で騙して買収を重ね、石油の流通網と製油事業を一手に握ったのが、ジョン・Ｄ・ロックフェラー１世である。

彼は、早くも１８７０年には、スタンダード・オイル・オブ・オハイオを設立する。このスタンダード石油という会社を足がかりにして、彼は、わずか20年で世界一の大財閥になったのである。

今でいうなら、インターネットのおかげでビ

石油で人類のエネルギー革命を起こしたロックフェラー家

スタンダード・オイルの製油所
（1899年）
1870年にオハイオ州クリーブランドで設立されたスタンダード・オイル。ロックフェラーの石油が人類のエネルギー革命を起こした。

18歳のロックフェラー1世
1857年に撮られたジョン・D・ロックフェラー1世の写真。石油がエリー湖から採掘されるのは、この2年後の1859年である。

18世紀の捕鯨の様子。石油登場までは鯨油がエネルギーの中心だった。ペリー来航は、捕鯨船の補給地確保の意味もあった。

ル・ゲイツが（表面上だけ）世界一の金持ちになったのと同じだ。しかし、ビル・ゲイツは当然のこと、ロックフェラー家に屈服している。

ロスチャイルド家の悪事とは？

確かに、ロスチャイルド家は、19世紀までは大悪事をたくさん働いた。

しかし、20世紀に入ってからあとは、ロスチャイルド家が悪いのではない。ロックフェラー家が極悪人なのである。彼らが世界を支配したのである。

ヨーロッパを二度の大戦で火の海にしたのは、石油財閥のロックフェラー家である。

彼らが、策謀と策略をめぐらせたので、世界大戦が起き、多くの人々が死に、ロスチャイルド家も没落し衰退したのだ。

だから、「ロスチャイルド家の大陰謀」を言わないと気が済まない人々は、自分の頭を点検せよ。いったい、どういう根拠で「ロックフェラー家を操っているのはロスチャイルド家である」などという虚偽をいまだに撒き散らすことができるのか。

ロスチャイルド家とノーベル家

カスピ海のバクーで大油田が発見されたのは1880年頃だ。

パリ家2代目当主の❽アルフォンス・ロスチャイルド（1827～1905年）は、父親のジェームズの考えに忠実に従って動いた。

アメリカで石油革命が起きて、それからわず

ノーベル兄弟もロスチャイルド

ロバート(長男。左上)、ルートヴィヒ(次男。左下)、アルフレッド(三男。右)のノーベル3兄弟。1878年にバクーでノーベル兄弟石油会社を設立した。

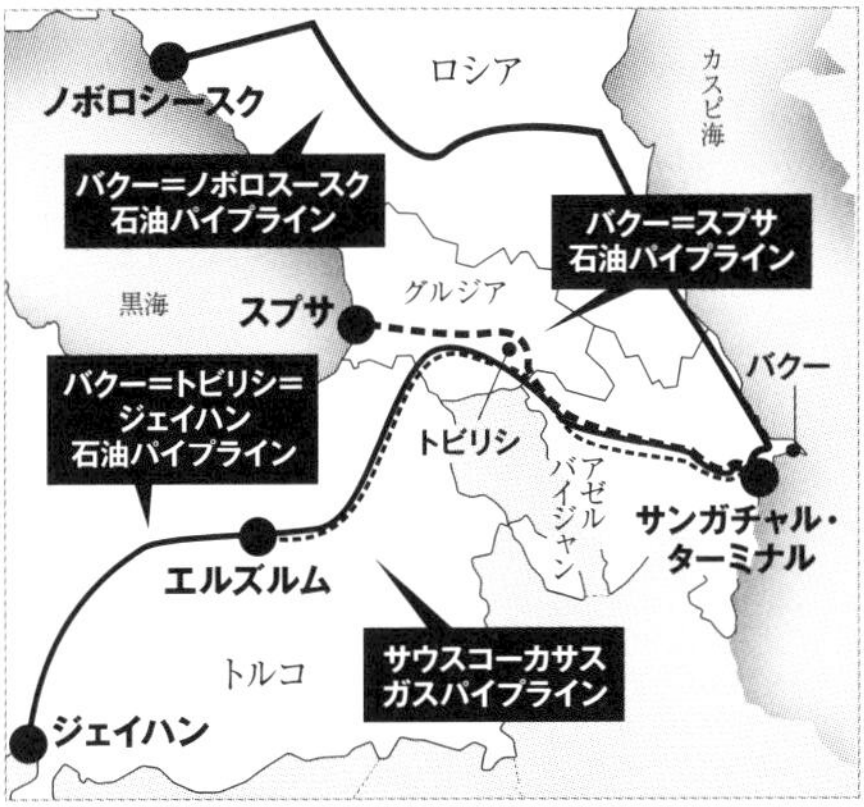

1880年代から始まるカスピ海のバクー油田をめぐる激しい利権争い

バクーから引かれる石油・天然ガスのパイプライン利権をめぐる争いは現在も続いている。

か20年後には、このカスピ海のバクーの油田の中心である「バニト油田」の採掘権を、1883年に原住民の王様《スルタン》から買い取り、アルフォンスと弟の❾エドモン・ジェームズ（1845～1934年）が握った。

アルフレッド・ノーベル（ダイナマイトの発明者）の実兄たちもこのバクー油田開発に参入した。ロスチャイルド家とノーベル家は同族といってよいほどの親密な関係である。

だから、今のノーベル賞の授賞も、大きくは、ヨーロッパ人からすると、米ロックフェラー系の学者たちへの当てつけや牽制《けんせい》であることが多い。加えてカンヌ国際映画祭やベネチア国際映画祭も政治的な使われ方をし、受賞作品はアメリカのハリウッド映画に対する痛烈な嫌味《イヤミ》であることが多い。

1890年代からは湾岸《ザ・ガルフ》（ペルシャ湾）での石油の掘削が始まる。「アングロ・ペルシャ（イラニアン）石油」という、後にBP《ビーピー》（ブリティッシュ・ペトロリアム石油）になる会社がつくられ、ロスチャイルド家の石油開発が進んだ。湾岸地域で、1908年からは、今のクウェートやサウジアラビアやアブダビの石油の開発も急速に進んだ。ロスチャイルド家の勢力は、現在は、ロイヤル・ダッチ・シェルという巨大な石油会社に結集している。この会社はロイヤル・ダッチ社とシェル社が合併してできた。

バクーの油田を一番初めに開発して、商業ベースに乗せたのは、ロイヤル・ダッチ社の創業者のヘンリー・ディターディング（本名は、ユダヤ名のアイルゴ・ジルカー）というオランダのユダヤ人である。

一方のシェル社創業者は、イギリスのユダヤ人のマーカス・サミュエルである。

シェル（貝殻）という石油元売り会社の名は、文字どおり浜辺で見つかる美しい貝殻のことであり、それらを集めて、装飾品を作っていた商人である。その息子のマーカスが、本当に日本の湘南海岸の江の島まで来て、浜辺の美しい貝殻を採取してロンドンの父親にまとめて送っていたのである。そのあとマーカスは、インドネシアに渡って、そこで油田を発見して、石油業で大成功したのである。

この2つの会社は1907年に業務提携をした。が、その後、ロスチャイルド家に株式をまんまと乗っ取られて、現在のロイヤル・ダッチ・

ヘンリー・ディターディング

ロイヤル・ダッチを率いた。"石油界のナポレオン"と呼ばれて業界に君臨した。

マーカス・サミュエル

1885年にパリ・ロスチャイルド家と組んでアジア地域での石油販売業を開始した。

シェルとなる。

そのやり口は、前述したバニト油田の株式を安価で1914年に、アルフォンスはロイヤル・ダッチのディターディングに売却した。売却代金は、シェル社の株式でパリ・ロスチャイルド家のアルフォンスが受け取った。

ところが、その3年後の1917年にはロシア革命が起きてしまい、ロイヤル・ダッチ社は、バクー油田の採掘権をレーニンの革命政府に国有化宣言で奪われて、大打撃を受けた。このとき、ディターディングはすべてを失った。このあとパリ・ロスチャイルド家のアルフォンスとエドモン・ジェームズが、乗っ取った。

だから、ロスチャイルド家に大きな悪があるとすれば、このような経緯のことを言うのだろう。しかし、ロスチャイルド家が手に入れた、これらのカスピ海の油田も、後にロックフェラー系（今のエクソン・モービルとシェブロン・テキサコ）にさらに奪い取られた。

ロックフェラー家とロスチャイルド家は、ここで歴史的な大激突を行なったのである。今でも、このカスピ海バクー油田の原油と天然ガスが、世界のエネルギー争いの中心である。

このようにして「石炭から石油へ」のヨーロッパのエネルギー革命はカスピ海のバクーの油田が鉄道で運ばれて起きた。

中央アジアの油田・天然ガスの奪いあいが今も続いている。それがアフガニスタン戦争である。グルジア・コーカサスの紛争も、中国の新《しん》疆《きょう》ウイグル地区の独立紛争も、すべてカスピ海のバクー油田を震源地とする。そこから引かれるパイプラインの利権をめぐる戦争だ。

日本にも進出してきたロックフェラー家

——三井＝ロスチャイルド勢力との争い

幕末に日本を強制開国させたのは、ペリー提督が率いたアメリカ海軍である。しかし南北戦争が起きて、アメリカは一旦《いったん》引き上げていった。

その間に、ロスチャイルド系のユダヤ商人たちが日本にやってきて、三井《みつい》高利《たかとし》が率いた三井財閥（江戸と大阪の間の送金・為替業＝銀行業で財を成した）と組んだ。

三井＝ロスチャイルドの勢力の誕生である。三井＝ロスチャイルドは、前述したとおり伊藤博文と井上馨という、明治40年代までの日本の政治の最高実力者を支援し、操った。

三菱財閥と岩崎弥太郎

1880年代からロックフェラー家のほうが、どうも、どんどん強くなっていった。ロスチャイルド家は、大英帝国の力そのものだから、威張ってはいた。が、徐々に力を落としていった。

1890年代になると、米ロックフェラー家に寝首をかかれるようになった。ロックフェラー家は、石油の力で世界中をじわじわと、制圧していった。

アメリカの日本に対する力が、再び盛り返したのは、1877（明治10）年からである。三井ロスチャイルド直系の渋沢栄一が、銀行業を東京で始めたのが1873（明治6）年だ。その1〜2年後の1874〜1875年になると、もうアメリカのロックフェラー財閥の力を背景にした三菱（の岩崎弥太郎《いわさきやたろう》）との激しい闘いが始まる。

そして日本国内でも、ロスチャイルド系の勢力が負け始める。

ロスチャイルド系で今も存在する港湾利権会社のP&O《ピー・アンド・オー》（ペニンシュラ・アンド・オリエンタル）が、当時は世界最大の船会社だった。このイギリス系の船会社も、石油を背景にしたロックフェラー勢力に駆逐されてゆく。

ロックフェラー1世は、日本でも、非常に安い金利で船荷証券《ふなにしょうけん》（B／L　ビル・オブ・レイディング）を買い取った。ロックフェラーの日本の代理人である九十九《つくも》商会（後の三菱商会）の岩崎弥太郎にどんどん買い取らせた。こういう闘いを日本で始めたのである。

仕組まれた「西南の役」

アメリカのロックフェラーの力が1877（明治10）年の「西南の役」*を策略で起こさせた。尊王攘夷思想（水戸学。外国を打ち払え）の強い影響が残っていた西郷隆盛を謀略ではめて権力の座から引きずりおろして、郷里の鹿児島に帰らせた。

そうしておいて旧弊《きゅうへい》に固執する不満武士たちという、今でいう「抵抗勢力」にし、武力で

西南の役…1877（明治10年）に西郷隆盛を盟主にして起こった士族の武力反乱。西南戦争とも呼ばれる。明治初期で最大の士族反乱で、日本最後の内戦となった。

叛乱を起こした形にさせて鎮圧した。

スパイを送り込んで挑発して軍事暴走を起こさせた。西南の役は南九州を戦場にして半年間にわたった。それを鎮圧するための武器、弾薬、艦艦、兵站《へいたん》（ロジスティックス）を、岩崎弥太郎が一挙に引き受けて大儲けする。

当時の日本政府の国家予算の3分の1の約1億円を三菱が受け取ったという。

岩崎弥太郎
三菱財閥の創業者。米ロックフェラー家と組んで、西南戦争で巨万の富を築いた“死の商人”。

それで今の三菱＝ロックフェラーの勢力が、1877年に日本に大きく誕生したのである。この年から、三菱財閥が、アメリカのロックフェラー家の後ろ盾をもらって急激に力をつけた。

戦争経済をやらされた

その時にアメリカから運ばれてきた、武器、弾薬、艦船は、南北戦争（シビル・ウォー）が終わったあとのアメリカで山のように溜まっていた戦争資材だ。

戦争というのは、だいたい3年から4年間続くものである。3年から4年で戦争をやっている国民自身がたくさん死んでそれでみんなで嫌《いや》になってやめよう、ということになるのだ。この数年間続く戦争でたくさんの人間が死ぬと、人々はもう鉄砲や大砲などは見向きもしなくなる。それらが大きくものすごい安値で後進国に引き取られてゆく。

当時の日本も、そういう今でいう、ウォー・エコノミー（戦争経済）をやらされたのだ。

三井財閥と三菱財閥の闘い

だから、この時期から、欧州ロスチャイルドと米国ロックフェラーの2大勢力が日本国内で、激しく商業利権をめぐって争うようになった。

三井ロスチャイルドを体現する渋沢栄一と、三菱ロックフェラーの岩崎弥太郎は、「隅田川の屋形船《やかたぶね》の決闘」と後に密かに呼ばれる争いをしている。

これは、1848（明治11）年の8月に起きた事件である。隅田川の屋形船の上で、船遊びの主催者である岩崎弥太郎と、主賓の渋沢栄一が企業の経営思想をめぐり激しい口論となった。

この時に、渋沢は三井系の船会社である共同運輸会社を三菱弥太郎に奪い取られたのである。渋沢の共同運輸会社は無理やり合併させられて、日本郵船となった。日本郵船は、今も世界最大の船会社である。1万隻以上の船を持っているだろう。

日本の政界でも、三菱ロックフェラー（「民《みん》政党《せいとう》」という官僚あがりの政治家たちを応援）と三井ロスチャイルド（「政友会《せいゆうかい》」の政治家たちを応援）が激突した。

1877（明治10）年以降ずっと、現在に至るまで130年間、この対立が政党の名前を変えながら続いているのである。

1914年に世界覇権の転換が起きた
——ロスチャイルド家からロックフェラー家へ

大英帝国とスターリング・ポンド体制

大英帝国の黄金時代は1805年のトラファルガーの海戦*でナポレオンのフランス海軍を打ち破ったときに始まった。

大英帝国は、18世紀後半に、綿紡績産業から起こり製鉄部門や蒸気機関部門に続く産業革命（the Industrial Revolution）という技術革新を達成した。これにより「世界の工場」となり、世界で最も裕福な国になった。「世界の工場」と共に、高度な銀行システムが発展した。そこでは自国通貨であるポンドの信用を高め続けることが絶対的な条件だった。

早くもナポレオン戦争期の混乱が収拾する1823年までに、中央銀行であるイングランド銀行は自ら発行している銀行券（紙幣）を金《きん》に免換《だかん》（exchange）できるように制度化した。

こうして、この時、世界で初めて金《きん》本位制が成立したのである。

イングランド銀行券は、金貨と同等の地位を

*トラファルガーの海戦…1805年10月21日、スペインのトラファルガー岬沖での海戦。英艦隊のネルソン提督がフランスとスペインの連合艦隊を破り制海権を奪った。

与えられたことで、正式に法貨（legal tender リーガル・テンダー、強制通用力を持つ紙幣）となったのである。

だが同時にイングランド銀行券（ポンド紙幣）の発行量は、厳しく限定された。通貨の信用力を維持するためである。

経済学者デイヴィッド・リカード*ら「地金《じがね》主義者」（通貨価値重視主義者）の主張を採り入れた「ピール条例」が成立し、イングランド銀行が発行する「ベース・マネー」としての銀行券の発行量が決められた。それは、「イングランド銀行が保有している金《きん》と銀の地金《じがね》プラス1400万ポンド（のちに1600万ポンドに上方修正される）だけのポンド紙幣しか発行できない」と決まった。

この1823年の通貨法の成立で、スターリング（ギラギラと輝くという意味）・ポンドは、世界でも飛びぬけて信用が置ける通貨となった。このことで世界の通貨制度に安定が生まれた。

“新興国”アメリカの台頭

そして、1830年ぐらいから、ヨーロッパの大都市には株式取引所（金融市場）ができて、株や債券（鉄道債券など）で大儲けしたり、反対に急落して大損したり、金融バクチのドラマが花盛りになった。バクチ（ギャンブル）が大好きな人は、どこの国にもたくさんいる。江戸時代の天領《てんりょう》（幕府直轄地）の百姓たちもバクチが大好きで田畑を失った者たちがいた。

19世紀にヨーロッパは大繁栄を続けたのである。前述したとおり、ヨーロッパの富豪や貴族

デイヴィッド・リカード…英経済学者。各国が得意分野の財を重点的に生産し輸出入しあうことで経済効率を高める「比較優位説」を唱えた。

たちは競って、南仏のコート・ダジュール（プロヴァンス地方の東の海岸線）に豪華な別荘をどんどん建てた。

大切なことは、1880年代になると、ヨーロッパがアメリカに押され出したことだ。

アメリカ大陸でできた、小麦や豚肉などの農畜産物が、大量に安価にヨーロッパに流れ込んで、大量に輸入されたという事実である。

冷凍船が開発されて、農畜産物を腐らないように低温で保存して、大西洋を運べるようになったからである。

このことは現在の中国が、中国産の雑貨類や繊維類（100円ショップで売っているもののほとんどすべて）を世界中に輸出して、垂れ流して、中国製品で世界のすべての国を溢《あふ》れかえらせていることと実によく似ている。次第にイギリスは、製造業分野での優位性と競争力を喪失していく。

金《きん》を求めて南アフリカへ

しかし、それでもイギリスが世界覇権国としての地位を維持し続けることができたのは、金融部門で優位な状態にあったからだ。

イギリスは金《きん》本位制を続け、ポンドに対する絶対的な信用があることで金融面で圧倒的な地位を維持し続けることができた。「イングランド銀行が保有する金《きん》＋1600万ポンドだけ」に通貨発行量が抑制されていたので、経済成長を続けるために更に必要なマネーを十分に供給することができなかった。

そのために19世紀には、10年ごとにヨーロッパを資金不足を原因とする不況の波が襲っている。それをジュグラーの波*（別名、カール・マルクスの波）という。

それで、イングランド銀行は保有金《きん》を増やすことにした。保有している金《きん》の量が増えれば、それだけ多くのベース・マネーを供給することができ、それにより経済活動を活発化させることができる。

今の米ロックフェラー家のようにメチャクチャにお札（米ドル紙幣）を刷り散らして、結局、信用を落とすというやり方をロスチャイルド家はやらなかった。紙幣の〝水増し発行〟は絶対にしなかった。

だから、イギリスは露骨なまでに金《きん》を求めて対外活動を推進していったのである。

1899年に南アフリカで世界有数の金《きん》とダイヤモンド鉱床が発見された。ロスチャイルド財閥のイギリスはただちに南アフリカの支配を企てた。

セシル・ローズの登場である。支援を受けたアルフレッド・ミルナーが3次にわたるボーア戦争を仕掛け、先住のオランダ系ボーア（ブール）人を征服した。だから、南アフリカ地域の世界最大の金《きん》鉱床は、つい最近までセシル・ローズやデビアス＝オッペンハイマー系の資本が支配していたのである。彼らはロスチャイルド家の友人たちである。

ミルナーとセシル・ローズが仕掛けた戦争では、先住移民白人であるボーア人への処遇は過酷であった。

投降兵に対して世界最初の「強制収容所」なるものを設立したのもこの人物である。戦勝し

ジュグラーの波…企業の設備投資に起因する約10年周期の景気循環の波。仏経済学者クレメンス・ジュグラーが発見した。本当の発見者はカール・マルクスらしい。

南アフリカの金鉱《きん》床を支配したロスチャイルド家

セシル・ローズ

"アフリカのナポレオン"と呼ばれたケープ植民地首相。デビアス社を買収した。

アルフレッド・ミルナー

ボーア戦争を仕掛けたケープ植民地総督。秘密結社「ラウンド・テーブル」(円卓会議)を創設。

写真:Getty Images

オッペンハイマー家

20世紀に入りデビアス社を引き継いだアーネスト(右)とハリー(左)のオッペンハイマー親子。

写真:Getty Images

たイギリスは、現住ボーア人に対して、法的に自分たちイギリス人よりは下だが、圧倒的に多数である黒人層を管理するにはちょうどよいぐらいの差別的権限を与えて優遇して懐柔した。これが有名な「アパルトヘイト」（apartheit）である。単純な黒人差別のための制度のことではない。差別というのはどこの国でもその実態はなかなか複雑にできているものなのである。

さらにロスチャイルド資本は、当時、世界で最大の金《きん》保有者であったロシアのロマノフ王朝とも対立した。ロシア帝国が自分たちの同胞であるユダヤ人を迫害するのが我慢ならなかった。

そこで、ウラジミール・レーニンやレオン・トロツキーといったロシア人の職業革命家たちに資金を援助して、革命というやり方での体制の転覆を背後から支援したのである。社会主義（共産主義）思想などというキレイごとでは済まない。

崩されたヨーロッパ大繁栄時代

19世紀までのヨーロッパの大繁栄が壊されたのは、まさしく1914年の第一次世界大戦の勃発である。米ロックフェラー家が仕組んだ。

そして、1929年の世界恐慌で、ヨーロッパも打撃を受けて、1931年に英ポンド紙幣と金《きん》の交換（兌換）が停止された。

スターリング・ポンド（＝金《きん》本位制）の終焉である。大英帝国の終わりは、このときとされる。当時の新興国であったアメリカがイギリスの覇権を奪って、世界規模で力を持った。

しかし、覇権がアメリカに移ったのは、それよりもっと早かった。本当に覇権の移行があったのは、それより17年早い、まさしく1914年からだ。副島隆彦説である。

したがって、1914年からロックフェラー家の世界覇権が成立した。

その証拠に1914年に、世界中で何と同時に5つの帝国が崩壊し滅亡したのである。

次々に滅んだ5つの帝国

まずヨーロッパの中心部（中欧。「ミッテル・オイローパ」という）にあったハプスブルク家のオーストリア＝ハンガリー帝国が、この1914年の前後に皇后エリザベートが殺されたりして崩壊した。

この年に、ハプスブルク家の皇太子が軍事演習視察に出掛けた隣国ボスニアの首都サラエボの橋の上を通過中に襲われて、ピストルで射殺された。

このことで、第一次世界大戦が1914年に始まった。これは、日本の小・中学校の社会科の歴史でも教える。

この事件を裏で操ったのは、ハプスブルク家と敵対しあっていたロスチャイルド家ではないかと疑われる。

しかし、そうではなくて、どうやらロックフェラー家であったようだ。なぜならヨーロッパ全土が戦争で火の海になることで得をするのはアメリカだからだ。

2つ目に、1914年にロシア帝国が滅び始めている。ロシアのロマノフ王朝を叩き潰そうとして、確かに最初は、大英帝国とロスチャイルド家が仕組んだ。だから１９０４～05年に極東《ファーイースト》で日露戦争も起きている。

　大連と旅順にまで鉄道を敷いて膨張してきたロシアと日本はぶつかった。あのとき、途上国だった日本を背後から指導して応援したのは大英帝国（ロスチャイルド家）である。イギリスの支援がなければ勝てなかった。

　アメリカは冷ややかに見ていた。やがて、チューリッヒに長くいたウラジミール・レーニンと、ニューヨークにいたレオン・トロツキーら職業革命家たちをロシアに戻して、ロシアを更に内乱状態にした。このあと計画的に１９１７年の10月革命を起こさせ、ロマノフ王朝のロシア帝国が滅んだ。１９１４年にできたケレンスキー政権は温和な改革を目指した優れた政権であった。トルストイらのメンシェヴィキ党の政府だ。それをアメリカが打ち倒させた。これが２つ目だ。

　３つ目は、極東において、１９１１年に、清《しん》朝《ちょう》の大清《しん》帝国が滅ぼされている。清朝は満州人がつくった中華帝国である。孫文《そんぶん》らの辛亥《しんがい》革命は奇妙な変質をとげアメリカに頼るようになった。〝最後の皇帝《ラスト・エンペラー》〟の愛新覚羅溥儀《あいしんかくらふぎ》は１９１２年に退位して、１９２４年に紫禁城《しきんじょう》（故宮）を追われた。

　４つ目は、中東全域（エジプトを含む）から北アフリカ・中央アジアまでを支配していた約６００年続いた巨大なオスマン・トルコ帝国が、まさしく１９１４年に崩壊している。オスマン帝国については詳述しない。

　５つ目。最後だが、何とまさしく大英帝国そのものの崩壊である。

1914年に5つの帝国が滅んだ

1914年の第一次世界大戦勃発で5つの帝国が滅び、
アメリカ帝国のみが浮上した。

１９０１年に女帝ヴィクトリア女王が逝《ゆ》く。このヴィクトリア女王の葬式のときが、大英帝国のピークの年であろう。このとき、英国に留学していた夏目漱石は下宿屋のおやじに肩車をしてもらって、ヴィクトリア女王の葬儀の棺《ひつぎ》の列が通り過ぎる様子を見ている（漱石は当時の日本男子の平均である１５０㎝ぐらいしかなかった）。

大英帝国は頂点を過ぎ、このあと徐々に衰退を始めた。１９１４年にまさしくイギリス中心の金《きん》本位制（ゴールド・スタンダード）が瓦解《がかい》した。イギリス政府はポンド紙幣と金《きん》の交換を停止した。

だから、第一次世界大戦の勃発の年であるこの１９１４年に５つの帝国が滅ぶことでロスチャイルド家からロックフェラー家に世界覇権が移ったのだと私は断定する。

連邦準備制度銀行（ＦＲＢ《エフアールビー》）創設の秘密

——金融支配を奪われたロスチャイルド家

ＦＲＢをつくったロスチャイルド家

１９１４年の前年の１９１３年に、アメリカに中央銀行が無理やりつくられた。当時のニューヨークの７つの銀行（７人のバンカー。Ｊ・Ｄ・ロックフェラー１世を含む）が出資して株式を分け合って私有する奇怪なＦＲＢ《エフアールビー》（連邦準備制度銀行）ができた。

「中央銀行であるのにそれが民間銀行である」という法律（連邦準備銀行法）が大きな策略でできてしまった。

このＦＲＢ《フェデラル・リザーヴ・バンク》をつくったときの最高責任者は⓫アルフレッド・ロスチャイルド（１８４２〜１９１８年）であった。

だからこの時まではまだアメリカでもロス

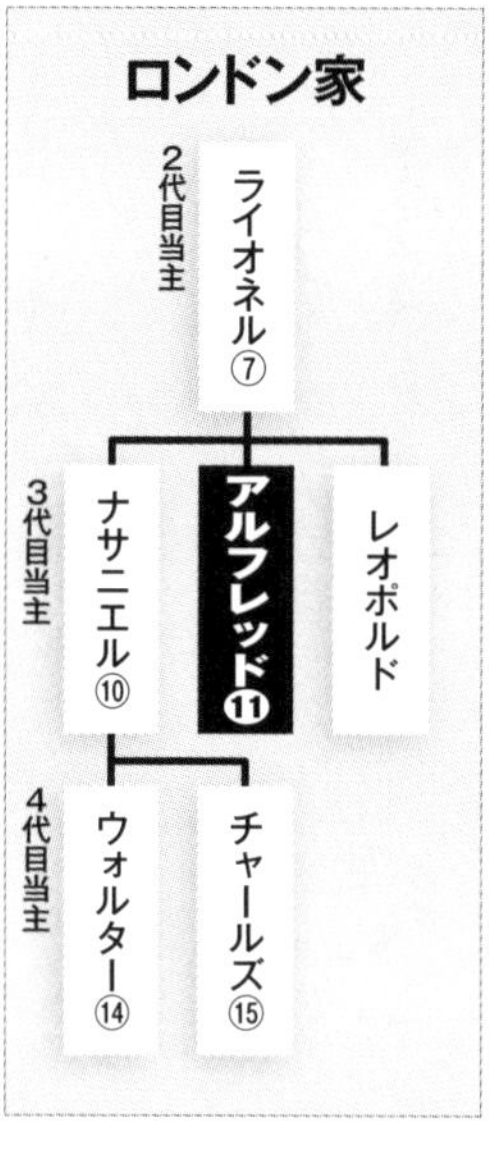

ロンドン家 3代目の弟

米FRB（連邦準備制度銀行）創設時の監視役 アルフレッド

Alfred de Rothschild（*1842〜1918*年）

11

3代目当主ナサニエルの弟。NMロスチャイルド銀行の共同経営者でイングランド銀行理事も務めた。

34歳のアルフレッド。彼の娘アルミナはツタンカーメン廟発掘のスポンサーだ。彼女の夫で発掘者のカーナボン卿は変死した。

写真（上2点）：Getty Images

チャイルド家の資本の力が強かった。アメリカの当時の大企業の鉄鋼業や繊維産業も、大株主はイギリスの貴族や富豪たちであった。

アルフレッドはロンドン家2代目当主❼ライオネルの次男坊である。父親のライオネルは、1879年に死んでいる。おそらく長男坊の❿ナサニエル（ロンドン家3代目当主）よりも、このアルフレッドのほうが能力があって、兄を差し置いて彼が、実質的に世界を動かしていたのだろう。

アルフレッドはイギリスの中央銀行であるイングランド銀行の理事を、1869年に26歳でなったときから20年間務めている。

国を支配するには、その国のマネーサプライを独占する体制を確立しなければならない。そのために中央銀行（セントラル・バンク）を支配しなければならない。

アルフレッドは、兄のナサニエルと話して、「アメリカ国民が、どんなに反対しても、あの国に、中央銀行を作らなくてはならない。そして、その中央銀行の株式の一番多くは、私たちが握るのだ」という考えで動いた。

もともと、アメリカ国民の多くは中央銀行創設に反対していた歴史*がある。そもそもアメリカ独立戦争は、イギリスの中央集権的な金融支配から逃れるためになされた建国運動だ。

だから、米中央銀行創設の準備は少数の銀行家たちによって密かに進められた。

ジキル島の秘密会議

1911年、南部ジョージア州のジキル島

反対していた歴史…農民たちによる自由な銀貨鋳造・流通を求めた「自由銀運動」が代表例。ウィリアム・ジェニングス・ブライアン（1860〜1925年）が主導した。

（J・P・モルガン所有）に7人の男が集まった。彼らは皆、英ロスチャイルド家の息がかかっていた人物である。彼らは極秘で会議を開き、1913年の連邦準備法の無理やりの成立につながった。

このときアルフレッドが監視役として、アメリカに来ていた。そしてアメリカ合衆国の金融・財政を上から握る体制を作った。だからアルフレッドは秘密会議に集まった7人の男たちよりも、もっと格が上である。

この連邦準備銀行というのは、「個人たちが私有する中央銀行」a private owned central bank（ア・プライベット・オウンド・セントラル・バンク）である。政府の機関でもないのに「連邦準備銀行」を名乗り、マネーサプライを支配する謀略の中心にこのアルフレッドがいたのである。

1911年のジキル島での秘密会議の後、ウッドロー・ウィルソン大統領という、初代ロックフェラーの傀儡《かいらい》となり、いいように操られた大統領が、連邦議会を根回しして、多くの上院議員がクリスマス休暇中である12月23日を狙って、強引に法案を通過させた。

ウィルソンは、こういうおかしな手法を使って、1913年に「米連邦準備銀行法」を可決させたのである。

ウィルソンは、1912（大正元）年の11月に大統領選に勝った。

この時、共和党は内紛を起こしている。元大統領のセオドア・ルーズベルトが、わざと共和党内を分裂させて、自分で革新党（プログレシッブ・パーティ）という第3党を作った。そして現職であり、自分が支持していたウイリアム・タフト大統領の再選を阻止した。

タフト大統領は、本物のアメリカ保守思想の頑固な男であり、ニューヨーク金融財界人たちの言うことを聞かなかった。だから、セオドア・ルーズベルトの策略で落とされて、民主党のウィルソンが勝利した。

ウッドロー・ウィルソンは、それまでプリンストン大学（ニューヨークから電車で1時間の場所にある）の学長をしていた学者だが、1913年の3月の就任時から、露骨にグローバリスト（地球支配主義者）の手口を見せた。

1913年5月に、「カリフォルニア州排日土地法」で日本人移民への排斥運動を始めたのはできたばかりのウィルソン政権である。表面は人権重視派でリベラル派のふりをしたが、真実は、グローバリズムそのものである。だからアメリカ国民の反対を押し切って、FRBを謀略で作ったのである。1914年に、ウィルソンとセオドア・ルーズベルトが、イギリスの支配からアメリカが自立、独立することを、密かに決めて実行した、ということだ。

この策謀の主導者は、当然、ジョン・ダヴィドソン・ロックフェラー1世である。

ロックフェラー家についた銀行家たち

そして、1913年にFRBができると、その翌年の、1914年に、ロスチャイルド家の寝首《ねくび》を掻《か》いて、世界覇権を奪い取ったのである。

ロスチャイルド家の忠実な子分たちだったア

メリカ人銀行家たちは裏切りを始めた。彼らはロックフェラー1世の側に集結した。ジキル島の秘密会議のメンバーだったヤーコブ・シフと、ポール・ウォーバーグらは、ロックフェラーの側についた。

しかし、J・P（ジョン・ピアポント）・モルガン率いるモルガン財閥はロスチャイルド家に忠実だった。モルガン家はその後もずっと絶対に裏切らないでロスチャイルド家の力をアメリカ大陸で温存し続けて今に至る。

FRBは、こうしてロックフェラー家に握られた。

ポール・ウォーバーグ

ドイツ系ユダヤ財閥ウォーバーグ家の一員。
ロスチャイルドの代理人だったが裏切った。

ジョン・ピアポント・モルガン

ロスチャイルド家の大番頭。裏切らなかった。
モルガン系は現在もロスチャイルド家に忠実。

その2年前の1912年4月に、豪華客船タイタニック号が沈没している。このとき、多くのロスチャイルド系のアメリカ富豪たちが死んでいる。奇妙な符合である。

第一次世界大戦の勃発

1914年7月には、ヨーロッパで第一次世界大戦が始まる。

そこで、ウィルソン大統領は、2001年の「9・11」事件とまったく同じように、「ルシタニア号撃沈事件」*（1915年5月7日。ドイツ軍の潜水艦の攻撃）を捏造（ねつぞう、自作自演）して、アメリカをヨーロッパ戦線に参戦させている。

「ウィルソンの14カ条演説」で、「民族自決主義」と、「国際連盟の創設」を提案して、世界単一政府主義の、グローバリズムの原型を推進したのである。

ウィルソンのまさしく民族自決主義が、世界に5つあった帝国（覇権国）を、次々に崩壊させていったのだ。そのあと世界に唯一残ったのが、アメリカ帝国（ロックフェラー石油財閥）であった。

5つの帝国が滅んで、次々と民族独立を遂げた国民国家（ネイション・ステイト nation states 民族 Volks）たちは、徐々にアメリカ帝国の属国（トリビュータリー・ステイト）になっていった。

だから、1914年を境にロスチャイルド家の支配は世界中で覆されて、ロックフェラー家が世界を握ったのである。

ルシタニア号撃沈事件…乗客1198人が死亡。128人の米国人も含まれていたから、米国内の対独感情が悪化。米国の世論は一気に第一次大戦への参戦に傾いた。

ロスチャイルド家の世界支配の終焉

――次々と奪い取られたロスチャイルド家の利権

操られたロシア革命

1917年10月に、ロシアで共産主義革命が成功した。この暴動を指導したレーニンやトロツキーが偉大だったと、その後の世界中の理想主義者や進歩主義者の人間たちから大いに尊敬された。それが世界中に伝わって興った政治的な左翼たち（社会主義者）の運動である。日本でも何度か隆盛した。

しかし、歴史の真実が、近年、どんどん明らかになってきた。レーニンを操って、彼に資金を提供してロシア国内の皇帝反対派を組織させたのは、はじめは、ドイツやスイスのロスチャイルド家の家来筋にあたる大富豪や、国家官僚たちであった。名前をあげれば、マックス・ウォーバーグ（秘密警察長官）である。

ウォーバーグ家は、スイスのチューリッヒを本拠とするユダヤ商人（宮廷ユダヤ人）であり、レーニンはこのチューリッヒに長いこと亡命していた。

同じく、レオン・トロツキーは、ニューヨークに亡命しており、キューン・ローブ商会の理事長であるヤーコブ・シフの支援を受けて、豪邸に住み、護衛隊まで持っていた。

1914年までは、ロスチャイルド家が、世界の最高権力者として、ヨーロッパ各国の政府の首脳（首相たち）までも操っていた。

ところが、どうも、1914年を境にして、力関係が逆転して米ロックフェラー家の背後からの暗躍が見られる。

だから、1917年に興ったロシア革命政府（ボルシェヴィキ政権）は、どうも次第にアメリカの力でつくられた。ニューヨークから派遣された医師団や銀行家の集団が、奇妙な動きをしている。

これらが、近年の文献で次々と明らかになっている。

スターリンとロックフェラー家

ロシア革命は、はじめのうちは、ロスチャイルド家が資金を出して、大英帝国と世界各地（たとえば、アフガニスタン、トルコ、フィンランド、チベット、満州）で、ロシアのロマノフ王朝と、激しくいがみ合っていた。だから、ロスチャイルド家は、レーニンたちを使って、ロシア帝政を打倒させた。

ところが、レーニンは革命に成功したとたんに「革命をヨーロッパに輸出する。ヨーロッパの国王たちの首をちょん切る」という動きに出て、「第3インターナショナル」という国際共産主義運動を始めた。これは自分たちを操ったロスチャイルド家に対する大きな裏切りである。

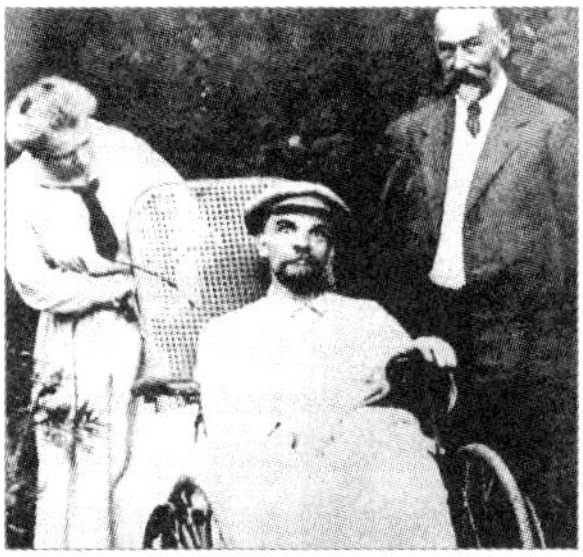

幽閉されたレーニン

1923年夏頃のレーニン。ほとんど廃人状態だった。これが生前最後に撮られた写真となった。

ヨシフ・スターリン

ソ連を収容所国家にしたスターリン。ロックフェラー家は、スターリンを使いレーニンを病死させた。

１９２０年には、レーニンは、病床に倒れて、次の指導者である残虐なスターリンに監禁されてしまう。スターリンは、はじめから、米ロックフェラー家につながっており、米国からの資金を受け取って、ロシア国内を厳しい統制体制に置き、共産主義恐怖政治を行ない、国中を牢獄、収容所国家にしていった。

人類の理想を追い求めた者たちは、どこの国でも、騙《だま》されて、ひどい目に遭って、強制収容所（コンセントレーション・キャンプ）や牢獄で殺されていった。だから「誰が見ても正しいと思う主張」など簡単にするものではない。「立派な考え、正しい考え」をまず疑って警戒しなければ、その人は、大きく騙されてひどい目に遭う。１９２０年ぐらいから、世界の共産主義運動の最高幹部で資金源となっていたのは、なんとニューヨークのロックフェラー家なのである。

彼らは、世界中を「自由と平和と平等の社会」にすると考えた。そして自分たちロックフェラー家が、この地上に理想を実現する。〝哲人政治家〟となって、平等になった、すなわち、平等な奴隷として飼い殺しにされてしまった世界中の人々を自分たちが、上から「導き指導する」、そのような理想社会の実現に、本気になって動いたのである。

だから、自由や平等や人権尊重などという、誰も非難できない、美しくて立派な言葉を私たちに上から押しつけてくる動きに対しては、「いや、待てよ」と警戒しなければならない。大事なことは、疑うことだ。用心する気持ちだ。

現在の日本では80すぎの身寄りのない老婆《おばあさん》たちは、携帯電話とおまんじゅうも取り上げられて、高層ビルの福祉病院の中のベッドにズラリと並べられている。生ける屍《しかばね》とされている。これが、人命尊重の思想が行き着いた果ての理想社会の姿なのである。

中東での両家の争い

中東アラブ世界でも、ロックフェラー家が1914年からは楔《くさび》を打ち込んで、背後から謀略で支配していった。

アラブのベドウィン族（砂漠の民）が、イスラム教の正当の王家の家柄であるハーシム家に結集した。アラブ人たちがオスマン・トルコ帝国の500年間の支配から脱出することを誓った。これをイギリス情報部が手助けした。これ

写真：米国防省

イブン・サウドとフランクリン・D・ルーズベルト

イブン・サウド（左）は、イスラム教ワッハーブ派をサウジアラビアの国教にした。

が映画『アラビアのロレンス』の背景である。トーマス・E・ロレンス中佐*は、イギリス情報部の将校だが、イギリス外務省はロスチャイルド家の意思で動いた。

イスラム教の創立者、預言者ムハンマド（モハメッド）の正統の血筋は、ハーシム家に伝わっていて、現在のヨルダン王家やイラクに血筋が残っている。

それに対して、イブン・サウドという男を米ロックフェラー家が後押しした。この男に権力を握らせてイギリスの力を追い落とした。そしてできたのが現在の「サウド家のアラビア」すなわち、サウジ・アラビアである。だから、イブン・サウドのサウド家（リヤドの大守《カリフ》の家柄）は、ハーシム家を正統のアラブの統一者と考える人々からすれば権力の簒奪者《さんだつしゃ》である。サウジアラビ

トーマス・E・ロレンス中佐…考古学者。第一次大戦時の召集で情報将校に。オスマン帝国に対するアラブ人の反乱を支援。除隊から2カ月後に事故死（1935年）。

アの国王は今もイブン・サウドの孫たちである。

チャーリー宋と孫文

中国・極東でも、1914年を境にやっぱり、アメリカ（ロックフェラー家）の力が強くなった。中国では孫文《そんぶん》が、南の広東省から攻めあがって、中国の秘密結社である「三合会《さんごうかい》」「哥老会《かろうかい》」の幇《パン》＊や、東京の赤坂でつくられた「中国革命同盟会」などを軸にして革命を達成して、満州族が支配した清《しん》朝（チン・ダイナスティ。大清帝国）を打倒した。これが辛亥《しんがい》革命（1911〜12年）である。映画『ラスト・エンペラー』に描かれた世界である。

孫文は、チャーリー・宋《そう》（宋嘉樹《そうかじゅ》）の娘で、〝宋三姉妹〟の次女である宋慶齢《そうけいれい》と結婚して、浙江《せっこう》財閥の後押しを受けるようになった。浙江財閥は、アメリカの後押しでできた中国の華僑の財閥だ。今も中国共産党の中の石油党や太子《たいし》党と呼ばれる、金に汚い最高幹部たち（「上海閥」という）につながっている。

だから、孫文を助けた宮崎滔天《とうてん》や、頭山満《とうやまみつる》、犬養毅《いぬかいつよし》らの三井＝ロスチャイルド系の政治家や、右翼の大物たちが、中国人たちとの関係でギクシャクしはじめる。

香港と上海を地盤にしているイギリス・ロスチャイルド家の勢力が、じわじわと追い落とされていった。

宋三姉妹の三女である宋美齢《そうびれい》が、孫文亡きあとの国民党を率いた蔣介石《しょうかいせき》と結婚したのが、1927年のことだ。蔣介石が北伐で、上海を占領したときである。ここに、大きなアメリカ

幇…中国の秘密結社。宋代に始まったとされる。同業・同郷・同族の者が、経済的な互助活動を主な目的として、海外などの異郷で組織した。

による、中国奪い取りの反イギリスの動きがあったのだ。

　そして、ロスチャイルド家の力を追い落とすために、米ロックフェラー家は、なんと、このあと共産主義者の毛沢東をも育てて操った。アメリカは背後から武器・弾薬と資金を毛沢東の共産軍に与えて、蒋介石の国民党政府を1949年までに「国共内戦」*で打倒させたのである。統幕議長のジョージ・マーシャル（「マーシャル・プラン」の男）が毛沢東のいた延安まで行っている。蒋介石は台湾に逃げた。

　だから、このロスチャイルド家とロックフェラー家の闘いは、今も極東（東アジア）でも続いているのである。

　日本も当然ながら、この抗争に大きく巻き込まれている。


　明治維新後の日本は、イギリス・ロスチャイルド戦略で、上手に動かされてきた。そして極東で、いち早く「近代化」を達成した。

　日露戦争（1904年）の軍資金1000万ポンドも、米国のクーン（キューン）・ローブ商会総代理人のヤーコブ・シフを介して、日本に借款して、強力に支援したのもイギリス・ロスチャイルド家である。

　1923（大正12）年に起きた関東大震災の復興債を引き受けたのも、イギリス・ロスチャイルド家に忠実だったモルガン商会のトーマス・ラモントであった。

　そのあと日本は、大きな勘違いをして「自分も欧米の列強（諸帝国）と対等だ」と思い込んで、中国やアジア諸国への軍事侵略を始める。日本をそそのかして、中国侵略に駆り立てたのは、

国共内戦…蒋介石率いる中国国民党と、毛沢東率いる中国共産党との間で、1946年7月から1949年12月にかけて行なわれた内戦。国民党軍が敗退し台湾へ撤退した。

アメリカのロックフェラー家である。

それは、香港と上海を大きな拠点とするイギリスのロスチャイルド家の力を日本の力を使って追い落として、アメリカが中国をイギリスから奪い取ろうという大きな計画があったからだ。

1932年に、満州国が建国される。これは、ロスチャイルド家の支援を受けた事業であった。長春、ハルビン、大連に西欧風の建物が立ち並ぶ豪華さはおよそ日本人の感性とは思えない。

ロスチャイルド家が、亡命ユダヤ人たちの為に、今のイスラエルのような国を満州に作ってあげる計画を立てていた。

この新国家建設計画を「フグ・プラン」*と呼び、岸信介ら革新官僚と、石原莞爾《いしはらかんじ》ら関東軍が共に推進していた。彼らは、イギリスのロスチャイルド家の代理人たちから、満州国建国計画を身をもって教わった。

ところが、頭の足りない、世界の大きな仕組みがわからない日本の軍人たちが、日本国を、世界を敵に回して暴走しはじめた。大きくは米ロックフェラー家に操られていた。

イギリスは、自分の配下である日本の三井財閥や、渋沢栄一の力を使って、何とか、アメリカによる日本の戦争への扇動を阻止しようとした。が、失敗した。

そして日本の三井ロスチャイルド系の政友会という大きな政党の政治家で、国民に尊敬された〝民衆宰相〟原敬、犬養毅、高橋是清たちがこの時期に、次々と暗殺されていった。

そしてアメリカが深く画策する日本の中国侵略が実行されたのである。

「フグ・プラン」…フグには毒があるがうまく調理すればこれほどおいしいものはない、というのが名の由来。ユダヤ人国家建設の有益性と危険性をフグに例えた。

第4章
戦後の
ロスチャイルド家

２つの世界大戦で

弱体化した一族

2つの大戦とロスチャイルド家の悲劇
――ヨーロッパが戦火の時代に直面した苦難

ロスチャイルド家の紋章にある〝5本の矢〟は、5人の息子が互いにケンカをしないで仲良く商売をやって繁栄せよ、という初代マイヤー・アムシェルの大きな家訓を意味する。これは今でもよく知られている有名な話だ。

ところが、ヨーロッパ全土が戦場となり、諸都市が爆撃で廃墟となる時代が来ると、ロスチャイルド家はそれぞれ国が違うので一族同士で利害が衝突するようになり、最終的には、同族で戦うという悲劇を内部に抱え込んだ。

加えてロスチャイルド家の人々は、2つの大

「真犯人は被害者のそばにいる」

1914年からの第一次世界大戦、引き続いて1939年からの第二次世界大戦で、ヨーロッパの大都市は火の海になって、ほとんどが瓦《が》礫《れき》の山になった。

このときに、ロスチャイルド家の各家も甚大《じんだい》な被害を受けた。それぞれの屋敷や豪邸も外国の軍隊に接収*されたり、民衆の暴動で荒らされたりしている。

外国の軍隊に接収…ウィーン家の豪邸はナチスに接収され「ユダヤ移民局」となった。パリ家の「フェリエールの館」もナチスに接収され装飾品を丸ごと奪われた。

ナチスに押収されたロスチャイルド家の宝石

戦後、連合軍が宝石を取り返したときの様子。　写真:Getty Images

戦中に兵役に服したり、捕虜《ほりょ》*になったりして、ひどい目に遭っている。

自分の邸宅が燃えたり、多くの同族の者が死ぬ結果になった原因を、ロスチャイルド家自身が仕組んだであろうか。

いや、そうではない。事件の真犯人は、いつもニコニコと善人のふりをして、何食わぬ顔をして、被害者たちのすぐ側に立っている。「真犯人はいつも被害者のそばにいる」という真理は、ミステリー小説の神髄《しんずい》である。ここでイギリス文学は、人間洞察の点で最高レベルに達した。

ヨーロッパ全土が2回も火の海になったのに、ヨーロッパ人であるロスチャイルド家がその元凶だということはありえない。

やはり、ヨーロッパ人たちを大きく騙《だま》して互

捕虜…パリ家のエリーとアランも1940年に独軍につかまり捕虜となった。ウィーン家の末裔ルイもナチスの人質となり全財産の拠出と引き換えに釈放された。

いに争わせて、没落させた勢力が別にいる。

彼らが、本当の犯人である。やはりそれはアメリカであり、ニューヨークの金融財界人たちである。ということは、その筆頭であるロックフェラー家が最も怪しいのだ。

ヨーロッパのど真ん中で大きくて上品な帝国であったオーストリア＝ハンガリー帝国（ハプスブルク家）を消滅させるほどの力を持ったのは、米ロックフェラー財閥以外にはないと、私は断定する。

アメリカに騙されたヨーロッパ人

ヨーロッパは2つの大戦がなければ今も貴族文化が続いて、大繁栄を続けていたのである。

今になって、ヨーロッパ人は「自分たちは、どうもアメリカに大きく騙された」と漸《ようや》く気づいたようだ。そのあと、ソビエト・ロシア（ソビエト共産主義）という北の〝赤い熊〟と、核兵器による恐怖の均衡（東西冷戦《コールド・ウォー》）という2つの仕掛けをアメリカ（ロックフェラー家）につくられて、ヨーロッパ人はずっと抑《おさ》え込まれ脅《おびや》かされることになった。

それなのに、どうしてロスチャイルド家が世界を支配する大陰謀を20世紀になってもまだ、行なっていると考えるのか。

故意にそのように考える人々は、怪しい裏のある人々だ。ハッキリ言えば、米ロックフェラー家にそそのかされて、「ロスチャイルド家の陰謀」を書くように仕向けられている愚か者たちである。石油とともに勃興した米ロックフェラー財閥が、意図的に作って流す「ロスチャイルド・ユダヤ人の陰謀」というキャンペーンだ。

ロックフェラー家もユダヤ系

ロックフェラー家もユダヤ系である。もとはヨーロッパの北ドイツの「ロッケンハイム」という名前の農民である。彼らロッケンハイムの名は、傭兵《マーシナリー》用にドイツ王によって、訓練された貧乏な兵隊の子孫であることを表す。3万人の兵隊がイギリス王に売られてアメリカに連れて行かれた。そしてジョージ・ワシントンらのアメリカ独立軍と戦わされたのである。

ロックフェラー家自身は、自分たちが雇っている特殊なジャーナリストたちに「ロックフェラー一族の家系図」というようなニセモノの本を書かせて、「ロックフェラー家は、イギリス北部のスコットランド人の立派な家系で、宗教はメソジスト（上品なプロテスタントの本流）である」という、家柄詐称《さしょう》を今もやっている。そういうキャンペーンを盛んに書かせて流している。

さらには、「ロックフェラー家はユダヤ系ではない」という嘘八百のキャンペーンも張っている。まともなアメリカの男たちは、鼻で笑っている。

ロックフェラー家の劣等感

ヨーロッパの200年前からのユダヤ金融財閥であるロスチャイルド家に対して、ロックフェラー家は頭が上がらず劣等感がある。

アメリカ合衆国は、イギリスからやってきた貧困層がつくった国だ。ヨーロッパから流れ込んできた、貧乏な農民や食《く》い詰め者たちが、つくった国である。このことは、日本人ならば大抵、感じている。ただし、そのようにあからさまには学校の教科書では教えない。

世界覇権を奪い取るまで、ロックフェラー家は、ロスチャイルド家のニューヨークの大番頭たち（ウォーバーグ家やモルガン家）から、お金を借りていた。ロックフェラー家はロスチャイルド家に従属した時期があるのである。

それで、ロックフェラー家の人間たちは、ロスチャイルド貴族がキライだ。ロックフェラー家にしてみれば、自分たちよりも金融業者として先輩であり、格の高いヨーロッパの貴族の称号まで持つロスチャイルド家への卑屈な感情が今でもある。

だから、戦後すっかり弱体化したヨーロッパ人をさらに抑えつけるために、ロスチャイルド家の陰謀を言いつのるのだ。

ロックフェラー家が、日本ごとき、東アジアのはずれの島国にまで「ロスチャイルドの陰謀を唱える者たち」を、育てて盛んに書かせている。私は、このことが不愉快である。

ロックフェラー1世と2世

米ロックフェラー家にはロスチャイルド家に従属した時期がある。

イスラエル建国とロスチャイルド家
――中東でのユダヤ人国家建設を強力に支援

「バルフォア宣言」とロンドン家

中東《ミドルイースト》のユダヤ人国家、イスラエルが建国されたのは、1948年5月14日である。ベングリオン初代首相が率いた「イルグーン団」という暗殺者集団がつくった国だ。第二次世界大戦の後である。この日に独立宣言をしている。

この独立宣言が原因で、すぐに戦争になる。アラブ側は黙っていなかった。その前後からずっとアラブ・パレスチナ人たちとの殺し合いである。そして、今につながっている。

今の中東・アラブ問題の発端となり、原因を作ったのが、「バルフォア宣言」と呼ばれるイギリス政府の外交方針であった。

バルフォア宣言というのは、当時のイギリスの外相であったアーサー・バルフォアが出した、中東処分に関する手紙（政府公式書簡）のことなのである。この書簡は、「イギリス政府は、以後、中東の政策においてイスラエル人の祖国復帰運動である国家建設を認める」という内容であった。

そして、なんとこの書簡を受け取った人物が、ロンドン家4代目当主の⑭ウォルター・ロスチャイルド（1868～1937年）なのである。日露戦争の前年に、京都で芸者遊びをしていた優男《やさおとこ》の⑮チャールズの兄だ。次男のチャールズは、極東（中国や日本）の管理を兄のウォルターから任《まか》されていたのだろう。

そして、長男のウォルターが父の⑩ナサニエル（ロンドン家3代目）と共に大英帝国の財政を実質的に握っていた。当時のイギリスの中東支配も、このウォルターが取り仕切っていたのである。

バルフォア宣言がウォルターに出された1917年の11月2日と同じ月に、ロシア革命が一番のピークに来ている。レーニンとトロツキーが、ケレンスキー政権を打倒して「10月革命（ボルシェビキ革命）」で権力を握った。

このロシア革命も、ロスチャイルド家、すなわち、ウォルターたちによって計画的に勃発させられた。が直後に、ロックフェラー家によって、ソビエト・ロシア利権は奪い取られた。

あの地域で何が起きているのか

1917年の「バルフォア宣言」から、パレスチナ（イスラエル）の土地に、ヨーロッパのアシュケナージュ・ユダヤ人*たちが、どんど

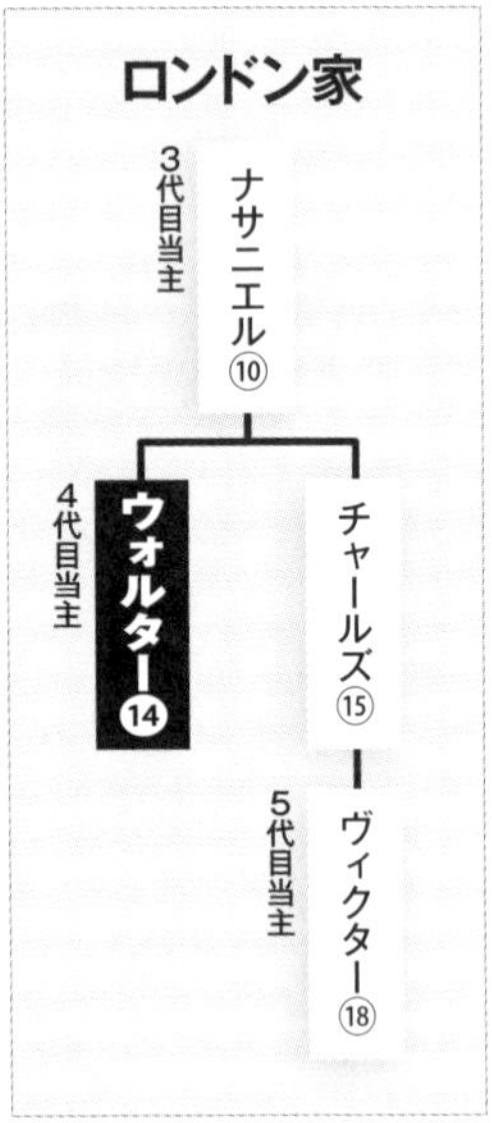

アシュケナージュ・ユダヤ人…バビロン捕囚後に離散したユダヤ人のうち、主に東ヨーロッパに定住した集団（とその子孫）のこと。

ロンドン家4代目当主

「バルフォア宣言」を受け取ったウォルター

Walter Rothschild（*1868*～*1937*年）

14

NMロスチャイルド銀行を経営した。動物学にも傾倒。潤沢な資金力で野鳥や蝶の一大標本コレクションを築いた。

写真:Getty Images

アーサー・バルフォア

保守党。ロイド・ジョージ内閣で外務大臣（1916～1919年）。イギリス首相も務めた（1902～1905年）。

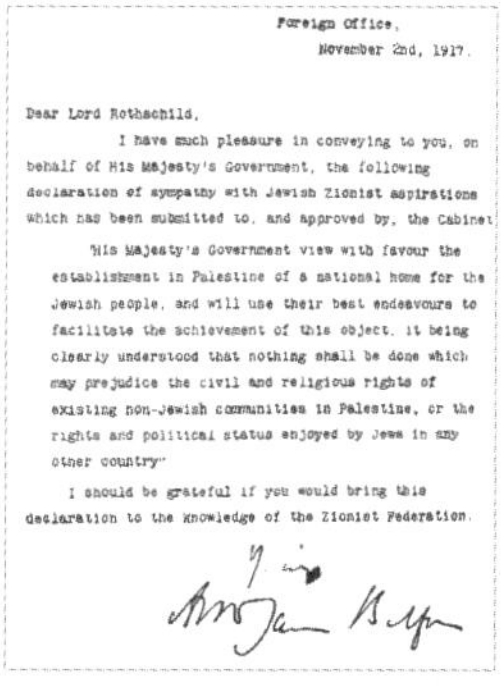

Foreign Office,
November 2nd, 1917.

Dear Lord Rothschild,

I have much pleasure in conveying to you, on behalf of His Majesty's Government, the following declaration of sympathy with Jewish Zionist aspirations which has been submitted to, and approved by, the Cabinet

"His Majesty's Government view with favour the establishment in Palestine of a national home for the Jewish people, and will use their best endeavours to facilitate the achievement of this object, it being clearly understood that nothing shall be done which may prejudice the civil and religious rights of existing non-Jewish communities in Palestine, or the rights and political status enjoyed by Jews in any other country"

I should be grateful if you would bring this declaration to the knowledge of the Zionist Federation.

「バルフォア宣言」とはウォルター宛ての手紙

パレスチナのユダヤ人居住地建設に賛意と支援を表明。政府の公式方針とした。

ん入植し開拓して、乾燥した大地に水を引き、定住する運動が起こった。そしてイスラエル建国の動きが起こった。だがこれには、密約（秘密条約）のサイクス・ピコ条約（1916年）やフサイン＝マクマホン協定（1915年）などの裏取引*もあった。

私たち日本人は遠くから眺めていて、いったい、あの地域（region《リージョン》）で何が起きているのか今も全体図がわからない。誰もわかりやすく説明しない。大喧嘩をしている両当事者がいるわけだから、当然、両者の言い分がある。

イスラエルを建国した暴力的なユダヤ人たちの言い分と、それまで自分たちが平和に暮らしていたパレスチナのアラブ人たち（旧約聖書に出てくるカナーンの地のカナーン人）たちの言い分は、真っ向から対立する。

今ではパレスチナの土地のほとんどは、イスラエルの領土になってしまっている。隅っこのほうに迫いやられて住んでいるパレスチナ人たちは、貧乏で、苦しい生活をしている。国連やアメリカ政府は両者を和解させるために、何度も話し合いの機会をつくった。しかし、長い歴史の因縁《いんねん》を持つことであるから、この民族間紛争は、ちょっとのことでは収まらない。

それでも最近は〝2国家共存〟という考え方が現実味を帯びている。両方の多くの人が支持している。お互いを国家として承認しあい、なるべく軍事衝突を避けながら、それぞれが生き延びるという考え方になりつつある。

いちばん新しい学説では、なんとパレスチナという言葉の語源は、パリサイ人（Pharisee《ファラシー》）そのものだとする。ということは、パレスチナ人と

裏取引…サイクス・ピコ協定は英仏による中東分割、フサイン＝マクマホン協定はアラブ独立を約束。バルフォア宣言を含む3協定は相互矛盾していた。

呼ばれているアラブ人たち自身が、古代からのユダヤ人である。この新説は、2008年にテルアビブ大学のリベラル派（ハト派）のシュロモ・サンド教授が提起した。みんな、驚いた。そういえばそうなのである。アラブ人もユダヤ人も英語では、セム族という語族（言語《ランゲッジ》から見た場合の民族《トライブ》のこと）である。セム族（Semite《セマイト》）は、ユダヤ人とアラブ人の両方を含むのだから、両者は人種的には区別がつかないし、人種はまったく同じである。妙な話になってしまう。

それではなぜ、これほどにいがみあって争ってしまうのか。だから、それは宗教の違いだと言うだろうが、私はそうは思わない。人間は宗教（信仰）で生きているわけではない。今度は、だから人種（民族）間の憎しみあいなのだ、と言うだろう。が、彼らは同じ人種だとすでに言ったではないか。物事は、このように正確に積み上げていくと、知恵の力で解決に向かうのである。変に細かい知識をひけらかしたり、意固地になったほうが負けである。

1894年の「ドレフュス事件」

中東イスラエルの土地にヨーロッパのユダヤ人たちが、どんどん移り住むようになったのは、そんなに古いことではない。1894年にヨーロッパで起きた運動があった。それをシオニズム（Zionism《ザイオニズム》）という。今のエルサレムの〝シオンの丘〟に帰ろうというユダヤ人たちの回帰運動である。祖国復帰運動ともいう。

このシオンの丘が、ユダヤ教徒にとっての聖地であり、ソロモン王が紀元前1000年頃に宮殿を造って住んでいたところである。だから、ヨーロッパ・ユダヤ人（主にアシュケナージュ・ユダヤ人）たちが「こんなにいじめられるのだったら、自分たちの国を持とう」という切実な願いを抱き、聖書《バイブル》（モーゼ五書《トーラ》）に記されている地であるパレスチナへの入植運動が始まった。

　直接のきっかけとなったのは、パリで起きた1894年の「ドレフュス事件」である。ユダヤ系のフランス軍人であったドレフュス大尉が、多くの連隊兵士の見守る中で上官から「おまえは、外国のスパイだ」と辱《はずかし》めを受けて自分のサーベル（洋剣）をへし折られて投獄された事件から始まる。これが公然たる反ユダヤ感情の爆発であった。

　ドレフュスは無実であることが後に判明するのだが、いったん火がついてしまったフランス国内の反ユダヤ感情は収まる気配がなかった。この時期のヨーロッパ全体は戦争もなくて大繁栄のバブル経済真っ盛りである。人々（といっても貴族や市民階級の裕福な人々）は、株や債券に投資して、大儲けしたり大損したりしていた。自分たちも欲ボケ人間のくせに、市場を裏で操っているのは、強欲なユダヤ人たちであるという噂や、流言飛語が飛び交って、ユダヤ人差別感情がヨーロッパ中に沸き起こった。

エミール・ゾラの糾弾

「ユダヤ人差別」のことをanti-Semitism《アンチセミティズム》という。直訳すれば、「反セム語族差別感情」のことである。アラブ人への差別をも含む。

　このドレフュス事件に怒った作家のエミール・

官位剥奪式で上官がドレフュスのサーベルをへし折る様子を描いた挿画。

ドレフュス事件の裁判。テオドール・ヘルツェルが当時、新聞記者として取材していた。

ゾラが、『私は糾弾する《ジュ・アキューズ》』すなわち「ユダヤ差別に反対する」という評論文を書いて大きな評判をとった（1898年）。この頃からヨーロッパ・ユダヤ人たちが、自分たちのもともとの祖国（といっても2000年ぐらい前の話）に帰ろうという運動を始めた。

運動の代表者は、テオドール・ヘルツェルという人物である。パレスチナの地に古代からずっと住み続けていたユダヤ人（ユダヤ教徒、スファラディ・ユダヤ人*）も現地にずっと何十万人かいる。そこへ、10万人、20万人と帰還運動を行ない、荒地に入植していった。そして、そこに定住し、勤勉の精神そのものの人々であったから、その地を開墾して緑の豊かな地に変えていった。

しかし、その一方で、やっぱり、昔からの現地人であるパレスチナ人との衝突が起こり、や

スファラディ・ユダヤ人…バビロン捕囚後に離散したユダヤ人のうち、主に南ヨーロッパに定住した集団（とその子孫）のこと。

がて激しい憎しみの関係に入っていく。土地争い、水争いであるから、理屈を超えて、自分たちの生活と生存のための厳しいいがみあいとなっていく。

パリ家エドモン・ジェームズの支援

この時期に、パリ・ロスチャイルド家の❾エドモン・ジェームズ・ロスチャイルド卿（1845～1934年、男爵）が重要な役割を果たす。このエドモン・ジェームズは、パリ家初代当主である〝鉄道王〟❻ジェームズの三男坊である。

エドモン・ジェームズは、ロイヤル・ダッチ・シェル社を乗っ取ることで、すでに巨額の資産を築いていた。彼はこの資金をこのあと、イスラエルにどんどん入植していくヨーロッパの貧しいユダヤ人たちを助けるために、生涯使い続けた。自ら入植地の一つに住み着いて、ユダヤ人の祖国帰還運動を支援し続けた。

しかし彼は、過激なシオニスト（Zionist、ザイオニスト）ではなかった。ダヴィド・ベングリオン（イスラエル初代・第3代首相）らは正真正銘のシオニストで、どんな強硬な手段を使ってでも建国すると決意して、そのとおりに実行した。エドモン・ジェームズはそういう過激な政治家たちとは一線を画している。

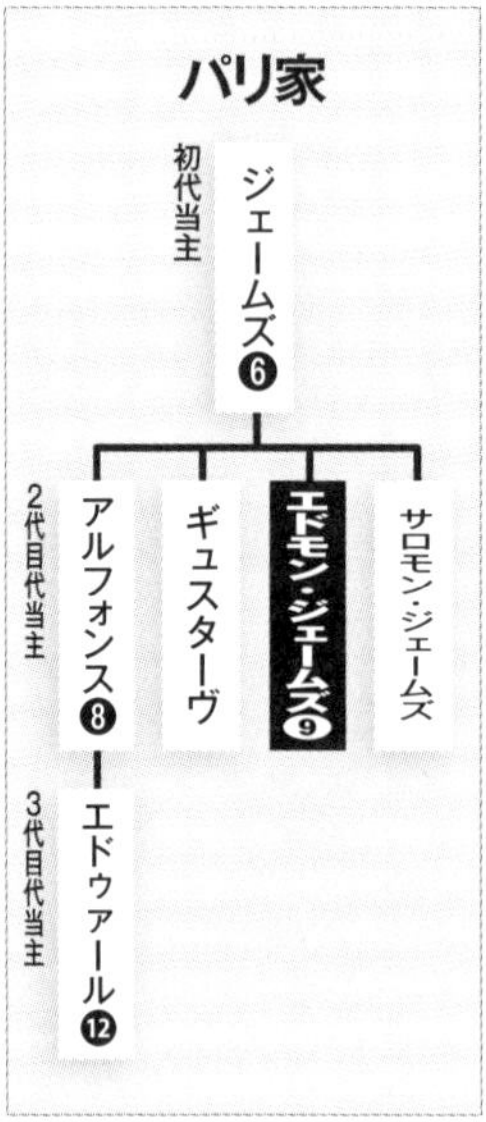

“現代イスラエルの父”
エドモン・ジェームズ

Edmond James de Rothschild（*1845〜1934*年）

入植運動を支援したが、シオニストとは距離を置いてアラブ人との平和共存を求めた。「世界シオニスト機構」代表就任への依頼も断った。 写真:Getty Images

エドモン・ジェームズは、荒っぽいベングリオンらの暴力的な人々を渋々と資金面で支援しながらも、その一方で、イスラエル建国には賛成しなかった。「2000年前の旧約聖書（ユダヤ教の聖典）の記述があるからといって、ユダヤ人たちがパレスチナ人を追い出して、そこにイスラエルを建国したら、必ずアラブ人との戦争になる。だから私は、イスラエル建国には必ずしも賛成できない。入植までにすべきだ。平和共存すべきだ」と主張し続けた。エドモン・ジェームズは温和な人物だった。

“現代イスラエルの父”

この温厚な考えは、しごく真っ当なものであり、世界基準《ワールド・ヴァリューズ》の優れた考えだ。強硬な過激派である現在のイスラエルの指導者たちにとっては、耳の痛い存在であっただろう。「どうなろうと、どうせアラブ人たちと仲良く暮らさなければならないのだ」というエドモン・ジェームズの魂が今のイスラエルを救うのではないか。だから、彼は今も多くのユダヤ人たちに感謝さ

ダヴィド・ベングリオン

狂暴な“建国の父”。イスラエル首相（初代・第3代）を務めた。

写真:Getty Images

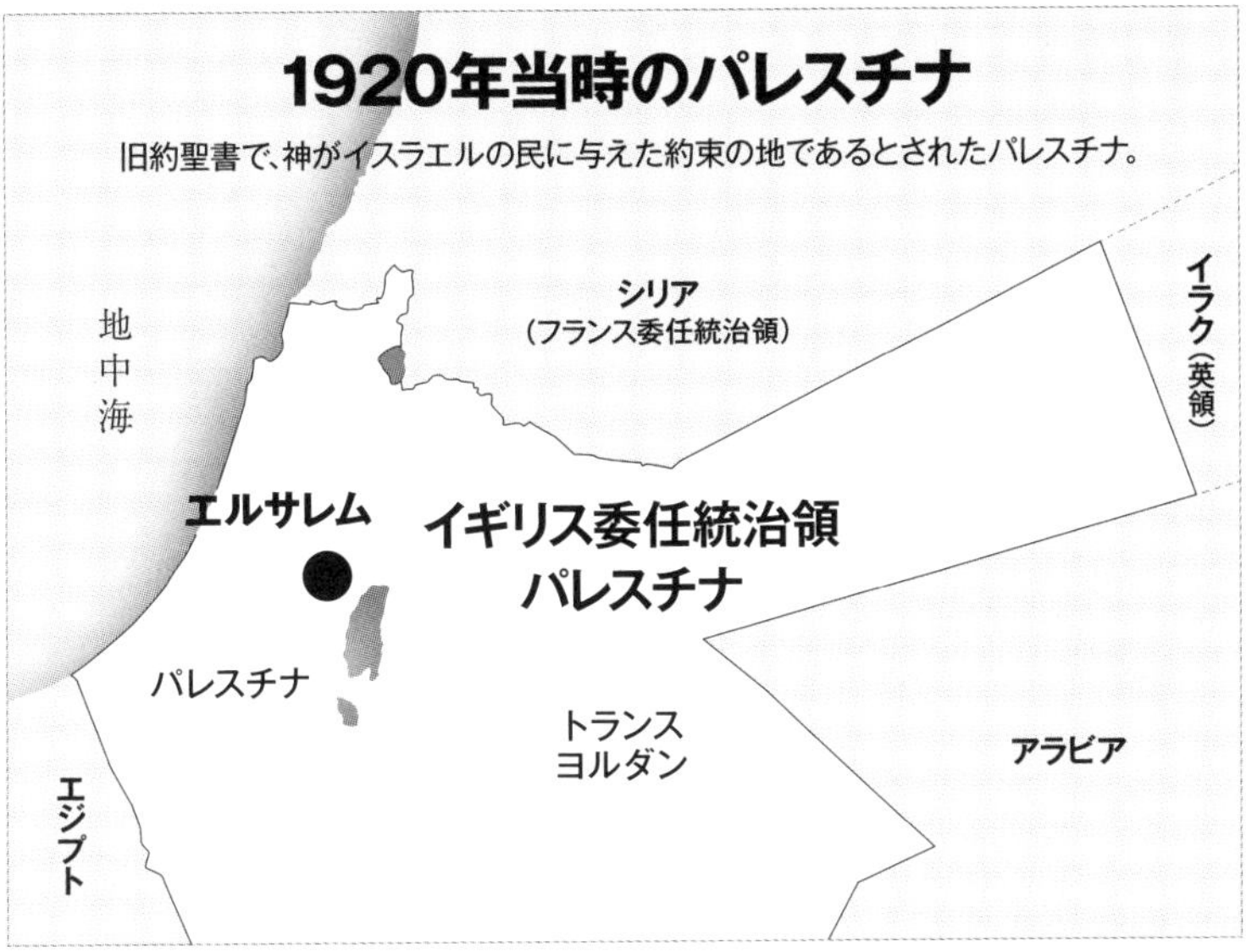

1920年当時のパレスチナ

旧約聖書で、神がイスラエルの民に与えた約束の地であるとされたパレスチナ。

れていて、〝現代イスラエルの父〟と呼ばれている。狂暴なダヴィド・ベングリオンが〝建国の父〟である。第5代の女首相ゴルダ・メイアはベングリオンの愛人である。

エドモン・ジェームズは、自分の持っていた大きな資産のほとんどを投じて、入植地運動を熱心に支援した。イスラエルの200カ所以上の入植地が、彼の投じた私財でつくられた。〝キブツ〟*と呼ばれる集団生活農場の運動も、入植地活動の一環として行なわれた。

今をときめくマイケル・サンデル（ハーバード大学教授）らの思想は「共同体優勢主義」（コミュニタリアニズム）と呼ばれるが、これはこのキブツの思想である。現在のイスラエル・パレスチナ問題という、世界の紛争の中心の問題をこれで大きくは理解できる。

キブツ…ヘブライ語で「集団」の意味。自給自足や機会均等などの理念に基づく相互扶助的な共同体。現在、イスラエルには約270のキブツがあるとされる。

活躍したロスチャイルド家の人々

（名前の文字色が白の人）

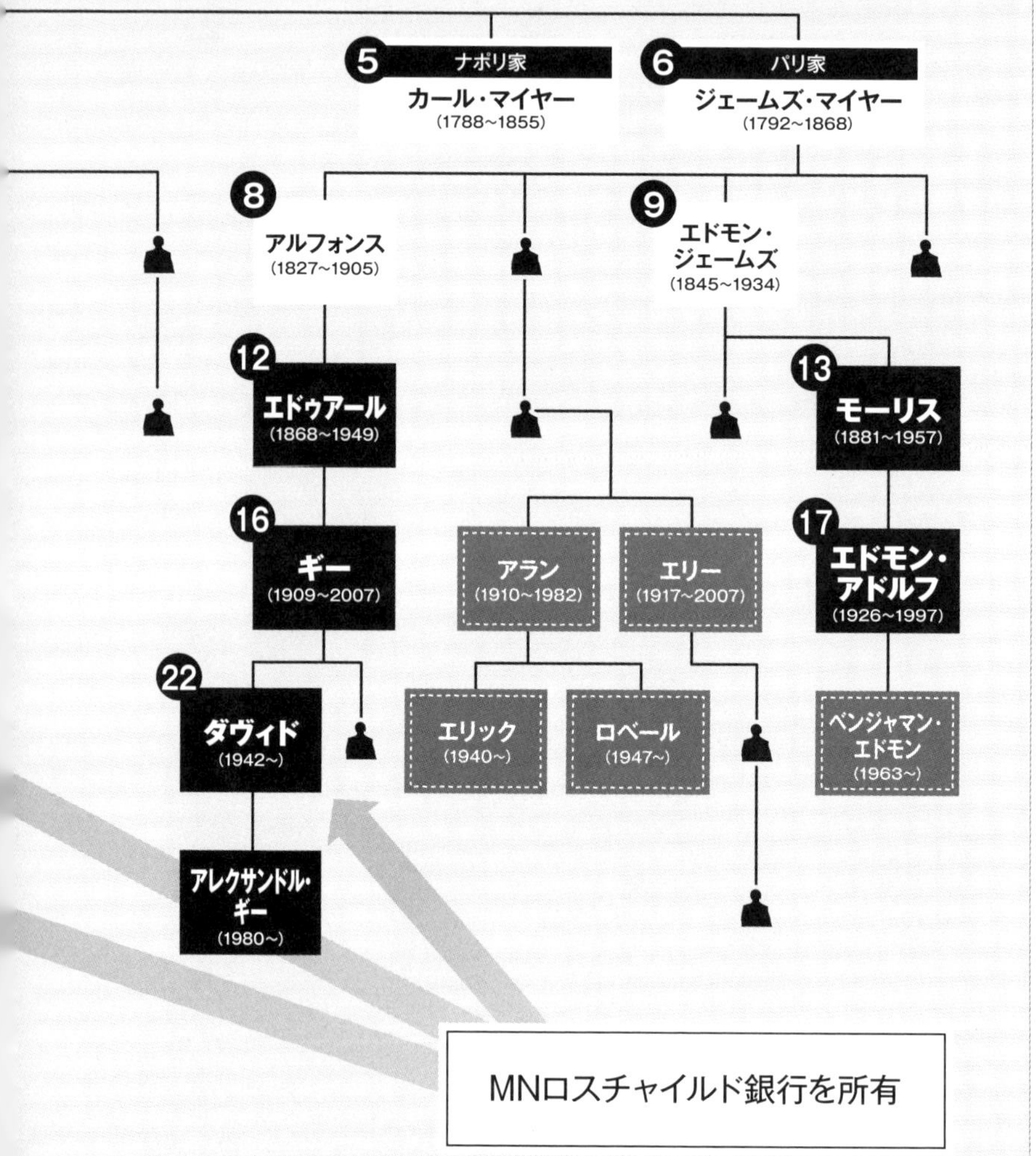

第二次大戦中から戦後にかけて

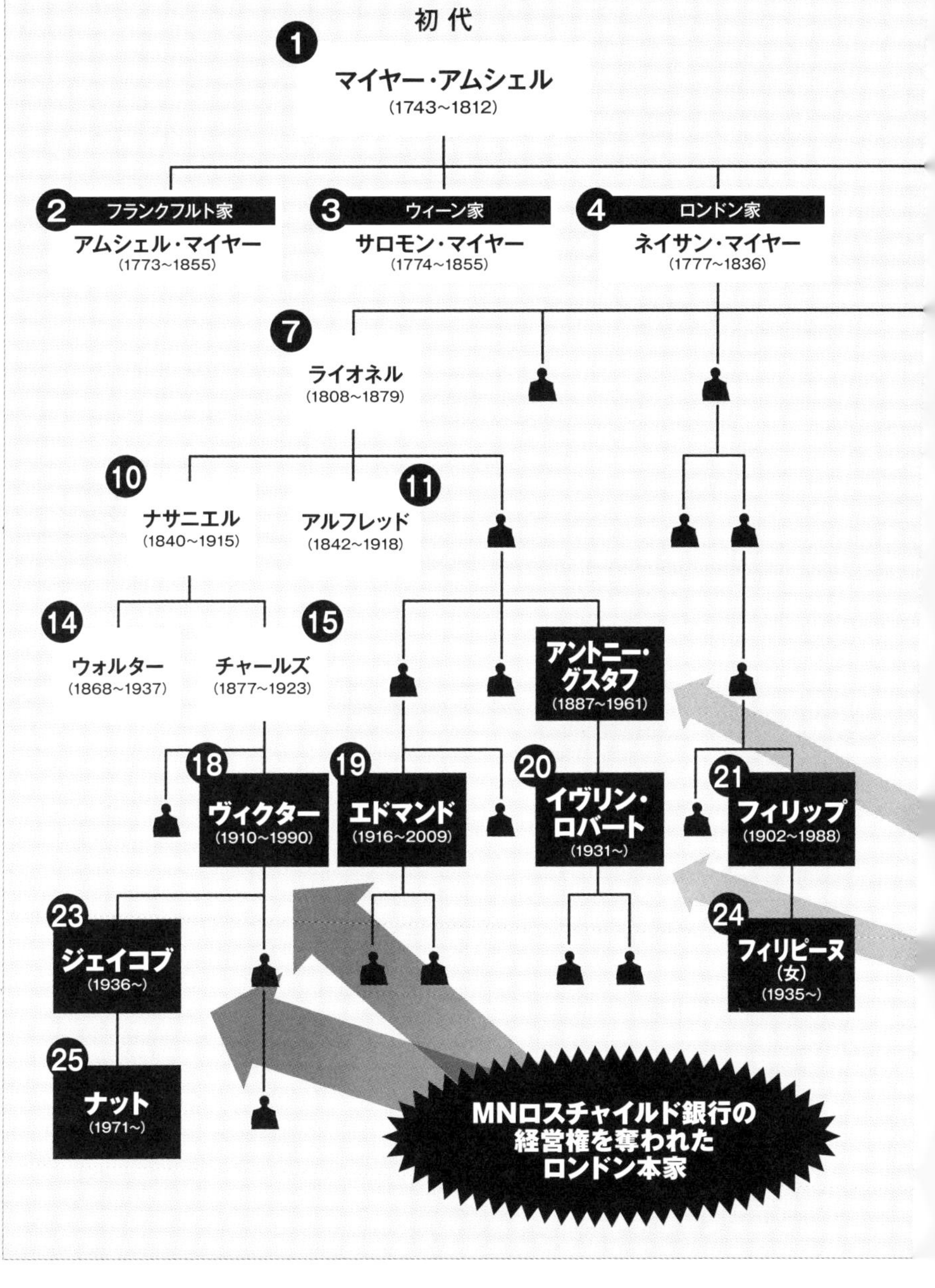
初代
1
マイヤー・アムシェル
(1743~1812)
2 フランクフルト家
アムシェル・マイヤー
(1773~1855)
3 ウィーン家
サロモン・マイヤー
(1774~1855)
4 ロンドン家
ネイサン・マイヤー
(1777~1836)
7
ライオネル
(1808~1879)
10
ナサニエル
(1840~1915)
11
アルフレッド
(1842~1918)
14
ウォルター
(1868~1937)
15
チャールズ
(1877~1923)
アントニー・グスタフ
(1887~1961)
18
ヴィクター
(1910~1990)
19
エドマンド
(1916~2009)
20
イヴリン・ロバート
(1931~)
21
フィリップ
(1902~1988)
23
ジェイコブ
(1936~)
24
フィリピーヌ
(女)
(1935~)
25
ナット
(1971~)
MNロスチャイルド銀行の
経営権を奪われた
ロンドン本家

戦後にロンドン家を動かした人々
――欧州人の力を取り戻すために奮闘

"007"ヴィクターの奮闘

ロンドン家の5代目当主である⑱ヴィクター・ロスチャイルド（1910〜1990年）が、あの恐ろしいイスラエルの国家情報機関であるモサド（イスラエル国家情報機関）をつくった。

ヴィクターは、日露戦争の前年に京都で芸者遊びをしていた⑮チャールズの長男である。伯父で、バルフォア宣言を受け取ったロンドン家4代目当主⑭ウォルターには、子供がいなかったので、ヴィクターが、当主の座を継いだ。

ヴィクターは、第二次世界大戦中ずっと、イギリス情報部（MI5／6 エム・アイ・ファイブおよびシックス）で、活動した重要人物である。彼が金儲けに興味を持たなかったことが、のちに一族の内紛のもとになった。

彼がイスラエル建国と同時にモサドをつくった。この時37歳ぐらいである。

モサド要員は、アメリカの国家情報機関のCIAの中にもたくさん潜り込んでいる。アメリカは、世界覇権国のくせに、中東の小国イスラ

ロンドン家 5代目当主

モサドをつくったヴィクター

Victor Rothschild(1910〜1990年)

18

ヴィクターは「金を動かすだけの銀行業は本質的に好きではなかった」と新聞のインタビューに答えている。彼の姉ミリアムはノミ研究の世界的権威だ。 写真:アマナイメージズ

エル（人口わずか705万人。ユダヤ人はそのうち530万人）に、急所を握られているかわいそうな帝国なのである。

このヴィクターには、長くソビエトのスパイ説がつきまとった。アメリカのCIAが意趣返しにロスチャイルドをいじめるために流した情報だろう。

ヴィクターは、劣勢に入った自分たち欧州人の力を取り戻すために苦心した。戦後すっかりロックフェラー家の世界支配のために、〝ソビエト連邦（スターリン）という脅威〟までロックフェラー家に作られてヨーロッパは威圧され、手も足もでなくなった。

アジア諸国の担当エドマンド

ヴィクターには、⑲エドマンド（1916〜2009年）という従兄弟《いとこ》がいる。

欧州全体が第二次世界大戦で焼け野原となり、ヨーロッパの諸都市は砲撃と空襲で瓦礫《がれき》の山となった。その戦乱の時代（戦前、戦中）と、戦後の復興期を生きたエドマンドは、当主のヴィクターを助けて、アジア諸国の担当となった。

エドマンドは戦後の世界銀行《ワールドバンク》（World Bank）の復興事業の高官として、1962年に来日している。

欧州と同じくアメリカ軍の空襲で焦土と化していた日本への、復興のための金融支援で公式に来日している。私用のビジネスでも数回、来日している。

エドマンドは、後に「日本のために国際的な復興資金の仲介をしてくれた功績」という理由

ロンドン家 5代目の分家

戦後の日本復興に尽くしたエドマンド

Edmund de Rothschild（*1916〜2009*年）

NMロスチャイルド銀行会長（頭取）を務めた。イギリス・ハンプシャー州にある広大な個人庭園「エクスベリ庭園」を所有した。

写真:Getty Images

で、1973年に天皇陛下から勲一等の勲章をもらっている。

戦後復興の後の1964（昭和39）年の東京オリンピックをきっかけとする高度成長の時期に、エドマンドが日本をIMF《アイエムエフ》（国際通貨基金）と世界銀行の第1回目の融資対象国にして、日本に好意的に動いた。

これが東京の山手線と大阪の環状線を整備する資金となった。また基幹産業である製鉄会社と電力会社、港湾、道路の整備のための資金にもなった。

この他に、東京オリンピックに間に合わせて造った東海道新幹線の建設費に充てられた。こうして日本の開銀《かいぎん》（日本開発銀行。日本の政府系の国内向けの大銀行。現在の政策投資銀行）を育てた。

〝ワイン王〟フィリップ

さらに、ロンドン家の傍系には、ヴィクターとエドマンドの従兄弟にあたる〝ワイン王〟の㉑フィリップ・ロスチャイルド（1902～1988年）がいる。

フィリップは、フランスのボルドー地方に1922年から入って、自分で丹精込めてワイン造りを始めた。ボルドー地方は、スペインと向かい合い、海沿いでイギリスに輸出しやすい地方である。フィリップは、戦後再び、荒れ果てたボルドーに戻り、ワインの醸造に精魂を傾けた。ムートンというシャトーの名前のワインだ。

これとは別にボルドー・ワインの中でも最高級品（グラン・クリュ）とされる、ラフィット（ラファイエット）のシャトーを1868年に買収

ロンドン分家

“ボルドーのロートシルト”ワイン フィリップ

Philippe de Rothschild (*1902*〜*1988*年)

21

戦時中はモロッコでヴィシー政権に逮捕され捕虜生活を送った。妻エリザベスはユダヤ人ではなかったが、強制収容所に送られて死んだ。 写真:Getty Images

していたのが、ロスチャイルドのパリ家である。ロンドン家のフィリップのシャトー・ムートン・ロチルドと、パリ家のシャトー・ラフィット・ロチルド*のワインが現在も他の3つ（マルコー、ラトゥール、オー・ブリオン）のワイナリー（シャトー）と競争しあって、今に至る。

フランスのワイン生産地で名高いブルゴーニュ地方と並ぶボルドー・ワインのその中でも、最高ランクの5つのワイナリーの話は重要だ。なぜ、ボルドーにイギリス人であるロスチャイルド（フランス読みなら、ロチルド。ドイツ読みなら、ロートシルト）家の人間が「ロチルド家のワイン」を造ったのか——。

ボルドーは、イギリスと海でつながっていて、古くから盛んに交易して、ボルドー地方から安いワインを、ロンドンに直接、輸出していたという背景があるからだ。

この他に隣のポルトガル産の安ワインのことや、ポルトガルという国の極めて特殊な性質と歴史上の諸事件も、これに深くからむ。

収容所で死んだフィリップの妻

この〝ワイン王〟フィリップ・ロスチャイルドは、戦争中は、ナチス・ドイツ軍に捕まっている。フィリップの妻のエリザベスは、収容所で死んだ。

そういう苦難にロスチャイルド家の人間たちは、ヨーロッパの戦乱の時代に遭っている。だから自分たちの住む家が焼かれ、自分たち自身の命が危険に晒《さら》された時代に、世界支配の陰謀などできるはずがないのだ。

シャトー・ラフィット・ロチルド…第二次大戦中は独軍の命令で没収。1946年にパリ家のエリーが買い戻して再建させた。1974年にエリーの甥エリックが事業を継承。

フィリップの娘フィリピーヌ　写真:Getty Images

“カリフォルニアワインの父”ロバート・モンダヴィ（右）とフィリピーヌ。

このフィリップ・ロスチャイルド男爵の娘に、㉔フィリピーヌ（1935年〜）という女性がいる。彼女はイギリス人でありながら、フランスで演劇人となり、コメディ・フランセーズの女優となった。

ヨーロッパの貴族や上流階級の人間たちは、数カ国語を話せる人が多いので、彼らの場合は、ヨーロッパ各国の言語のコトバの壁は越えられる。それでも「自分は何人か？　どの国の言葉が自分の母国語か」という悩みは今もあるようだ。

フィリピーヌは、父フィリップの死後に女優を引退し、シャトー・ムートンの経営を引き継いだ。これは家訓に反するが、金融業ではないことと、フィリピーヌの息子が次の跡継ぎになることが決まっていたので、例外的に認められたのだろう。

戦後にパリ家を動かした人々

——2人の大統領と一緒に復興を果たす

ヴィシー政権に抵抗したパリ家

1920年から、1940年代の2つの大戦をはさんだ激動の時代に、パリ・ロスチャイルド家の当主として、大陸のロスチャイルド家全体を動かしたのが、パリ家3代目⓬エドゥアール(1868~1949年)である。

彼は、父アルフォンス(2代目)に忠実な息子で、家長として一族をよくまとめた。が、とりわけ目立った業績を示していない。穏やかな人物だったようだ。

エドゥアールは、ナチス・ドイツ政権に侵攻され屈服したフランスの傀儡《かいらい》政権であるヴィシー政権*に従わず、抵抗を続けた。したがってロスチャイルド家のフランス国内にあった個人資産や企業は、次々と傀儡政府によって没収され、全資産を失った。

だからここでも私は力説するが、欧州ロスチャイルド家が、世界を支配する陰謀を組み立てることなどできるはずがない。

親ナチスのヴィシー政権がユダヤ人をいじめ

ヴィシー政権…ドイツ軍に降伏したフィリップ・ペタン仏首相が主席を務めたナチスの傀儡政権(1940~1944年)。首都となったヴィシーが名前の由来。

戦時下でよく耐えたエドゥアール

Edouard de Rothschild（*1868*〜*1949*年）

ロスチャイルド兄弟銀行を叔父のエドモン・ジェームズ、従弟のロベールと共同経営した。

写真:Getty Images

左から、エドゥアール、妻のジェルメーヌ、息子のギー。（1937年）

写真:Getty Images

ぬいたから、アシュケナージュ（アシュケナジウム。ドイツやポーランド辺りに住む）・ユダヤ人であるロスチャイルド家は、これに強く反発した。

戦後の企業国有化を逃れる

やがて、連合国側の勝利で、ドイツが敗戦すると、パリ・ロスチャイルド家は、戦後、急速に復興する。政府に接収・没収されていた株券などの証券類をすぐに取り戻して、一族の企業群が再建される。

ロスチャイルド家以外の〝フランス二百家族〟と呼ばれる財閥（富豪）たちの多くは、ヴィシー政権に肩入れしていたので、戦後は逆にフランス国民から強い批判をあびて、没落を始めた。

戦後のヨーロッパの国有化（ナショナライゼーション）の動きの中で、電力会社やガス会社や4大銀行などが、次々に懲罰的に国有化された。

しかし、パリ・ロスチャイルド家は、この懲罰的国有化の被害は最小限度で済んだ。なぜならば、エドゥアールの次の4代目当主の⑯ギー・ド・ロスチャイルド（1909～2007年）は、ドゴール将軍とともに、ロンドンに置かれていたフランスの亡命政権を支えた重要な人物だったからである。

レジスタンス運動の英雄ギー

ギーは、レジスタンス運動の英雄の一人である。

レジスタンスとは、ナチス・ドイツがフラン

パリ家4代目当主

戦車隊長だった
ギー

Guy de Rothschild（*1909～2007*年）

自由フランス軍の戦士として、シャルル・ドゴール将軍と行動を共にした。ドイツ潜水艦の攻撃で海に投げ出され12時間漂流した経験もある。　写真:アマナイメージズ

スを占領した地域でドイツ警察の中にゲシュタポと呼ばれる恐ろしい国家秘密警察があって、これと戦って、逮捕や拷問の恐怖に怯えながら、フランス解放運動を戦った人々である。

さらに、ギーはフランス陸軍の戦車隊の隊長（司令官の肩書き）だったので、パリが解放されて凱旋《がいせん》したドゴール政権の中にあって、戦後のフランスの政治と経済の復興に重要な役割を果たした。

こういう歴史事実も知らずに、〝ロスチャイルド家の陰謀〟などと言っている人々は愚か者である。

曽祖父の〝鉄道王〟❻ジェームズ以来のパリ家の重要な資産が、ロイヤル・ダッチ・シェル社であり、もう一つが、英豪資本の世界最大の非鉄金属鉱山会社であるリオ・ティント社である。その他に投資銀行のラザード・フレール社がある。これらの企業群の経営をギーが立て直している。

創業者❶マイヤー・アムシェル以来の家訓で、ロスチャイルド家は多くの企業の株式を取得しても、経営者としては表に出ないことにしていた。

しかし、ギーは、この家訓を破って、積極的に多くの企業の経営者として動いた。北アフリカのアルジェリアのサハラ砂漠で石油が発見されると、開発に力を入れた。カスピ海バクー油田の開発以来の大きな資産もこうして手に入れた。

ギーは、ドゴール大統領の後継ぎとなったジョルジュ・ポンピドー大統領と深い盟友関係を続けた。

ポンピドーは1954年から1958年の間、

ドゴール政権とポンピドー政権下で復興したパリ・ロスチャイルド家

ギーと、ロスチャイルド兄弟銀行の共同経営者だった従兄弟のエリー(左)とアラン(右)。三頭体制でパリ家を復興させた。　写真:Getty Images

パリ家と緊密な関係を築いていた2人の仏大統領。シャルル・ドゴール(右)とジョルジュ・ポンピドー(左)。

写真:Getty Images

パリ・ロスチャイルド銀行*の会長（頭取）を務めた。ギーは2007年に98歳で亡くなった。彼は、死ぬ前に自叙伝『ロスチャイルド自伝』を書いて、「一切、語るなかれ」の家訓を破っている。

仏大統領とロックフェラー家

ポンピドー政権のあとの、ヴァレリー・ジスカールデスタン大統領とそのあとの社会党政権であるフランソワ・ミッテラン大統領の2人は、どうやら反対の動きに出て、デイヴィッド・ロックフェラーの言うことをよく聞いた大統領である。だからミッテランは、1981年にパリ・ロスチャイルド銀行を強制的に国有化した。

ところが、そのあとのジャック・シラク大統領のときには、フランスはアメリカに対して反抗的な態度を見せるようになった。フランス人独特の、かつフランス人だけに許される、特権的で高慢な態度でアメリカ人を見下げた。

だが、2007年からのニコラ・サルコジ大統領（なぜかハンガリー系ユダヤ人の家系）は、ロスチャイルド家が応援したドミニク・ドヴィルパン（首相）を破って当選した。だから、サルコジは米ロックフェラー家の後押しでできた政権である。2012年5月のフランス大統領選挙では、社会党のフランソワ・オランドに敗北した。

スイスを拠点にする〝パリ分家〟

パリ家3代目当主エドゥアールの従兄弟にあたる、⓭モーリス（1881～1957年）は、〝ロスチャイルド家の黒い羊〟と呼ばれる。彼は、

ロスチャイルド銀行…パリ家のロスチャイルド兄弟銀行が1968年に改組されて名前も改められた。1981年にミッテラン大統領が国有化しヨーロッパ銀行となる。

パリ分家

“ロスチャイルド家の黒い羊”モーリス

Maurice de Rothschild（*1881〜1957*年）

道楽者で一族から嫌われた。ロスチャイルド兄弟銀行の共同経営者となったが、従兄弟たちに追われスイスに拠点を移した。　写真:アフロ

父エドモン・ジェームズの葬儀。前列右からモーリス、兄ジェームズ、従兄エドゥアール（P167参照）。　写真:Getty Images

前述した〝現代イスラエルの父〟エドモン・ジェームズの次男である。

モーリスは、一族の中の跳ね上がり者で、随分と嫌われ者だったようだ。ただし、経営の才能はあって、多くの事業を起こしている。彼は、スイスのジュネーブを中心に金融業をやっていた。政治家を目指してスイスの上院議員（高地アルプス選出）にも当選した。

今のスイスのロスチャイルド家は、モーリスの家系が中心といっていいぐらいの勢力を張っている。

このモーリスの息子に、⑰エドモン・アドルフ・ロスチャイルド（1926〜1997年）という人物がいる。祖父エドモン・ジェームズと同名のエドモンである。

エドモン・アドルフは、高級リゾートホテル網である〝地中海クラブ〟を作った人だ。今や世界中の主要な地にある名高い〝地中海クラブ〟は、海辺の高級ホテル・リゾートのふりをしている。奥まった海岸線の一等地のサンゴ礁の浜辺で、世界中の富豪たちのための密輸入や、資金の移送をやっているらしい。外洋航海用の大型ヨット＝クルーザーで、特権的に非合法でやっているようだ。これは書いてはいけないことだろう。

エドモン・アドルフは祖父の遺志を継ぎ、イスラエル支援も積極的に行なった。

サウジアラビアのアカバ港の開発も、このエドモン・アドルフがやった。1956年に、エジプトのナセルがスエズ運河を国有化すると、スエズ運河を通らずに、原油をアカバ湾から地中海経由でイスラエルに運ぶパイプラインを敷設した。

パリ分家

「地中海クラブ」をつくったエドモン・アドルフ

Edmond Adolphe de Rothschild（1926〜1997年）

24歳の時に「地中海クラブ」に投資した。戦後、需要が伸びた観光業やブランド品輸出入業で成功を収める。スイスの富裕層相手の資産運用会社も設立。

写真:Getty Images

妻ナディーヌ（1932年〜）は元踊り子。『ロスチャイルド家の上流マナーブック』等の著書がある。

写真:Getty Images

アカバ湾からの石油パイプライン事業について、イスラエル首相ベングリオン（左）と協調。

写真:AP／アフロ

ロスチャイルド家の大分裂

――ロンドン分家が本家と対立しパリ家と連携

NM《エヌ・エム》ロスチャイルド銀行の跡目争い

ロスチャイルドのパリ本家の現在の当主である5代目㉒ダヴィド・ロスチャイルド（1942年～、現在69歳）は、NM《エヌエム》ロスチャイルド銀行*（NM《ネイサン・マイヤー》ロスチャイルド銀行）の会長（頭取）である。このNMロスチャイルド銀行が欧州ロスチャイルド財閥の中心であり、本体であり旗艦《きかん》（フラッグキャリアシップ）である。

ダヴィドは、ロンドン家の傍系である⑳イヴリン・ロバート・ロスチャイルド（1931年～、現在81歳）と2人で共同して、このNMロスチャイルド銀行を長く経営している。

ロンドン家6代目当主である㉓ジェイコブ（1936年～、現在76歳）とは、骨肉の争いを起こして犬猿の仲である。

あくまでジェイコブが、ロスチャイルド家4代目男爵であり本家である。それなのに、パリ家当主とロンドン家の傍系（分家）が組んでロスチャイルド家の本流を形成してしまっているように見える。このことは、ロスチャイルド家

NMロスチャイルド銀行…N M Rothschild & Sons（エヌ・エム・ロスチャイルド・アンド・サンズ）が正式名称。ロスチャイルド父子銀行と訳されることもある。

パリ家 5代目当主

ロンドンのイヴリンと組んだダヴィド

David Rene de Rothschild（*1942*年*12*月生まれ *69*歳）

ダヴィドと父のギー（右）。ダヴィドは、ロスチャイルド銀行が国有化されたので代わり設立したパリ・オルレアン銀行の初代会長（頭取）となった。

写真:Getty Images

ダヴィドと従兄のエリック（左）。1940年生まれのエリックはワイン事業のシャトー・ラフィットの最高責任者だ。

写真:Getty Images

全体の大分裂を意味している。

この一族の内紛は、1980年に起きた。それは、ジェイコブの父親で、5代目当主である⑱ヴィクターが、金融事業や企業経営にあまり興味を示さず、もっぱらイギリス政府の情報部の大幹部として生きたからだ。

前述したが、イアン・フレミング著の小説『007《ダブルオウセブン》』（やがて、映画のシリーズとなった）という世界的に大ヒットした著作物の主人公ジェームズ・ボンドの本当のモデルは、このヴィクター卿である。映画『007』シリーズをずっと配給してきたユナイテッド・アーティスツ（UA）は、今はソニー・ピクチャーズ・エンターテインメント（SPE）に吸収されている。ソニーは三井ロスチャイルド系である。

すなわち、映画『007』とは、アメリカ・ロックフェラー家の世界覇権と拮抗するイギリス・ロスチャイルド家からの大きな文化的反撃なのである。

ジェームズ・ボンドは、英MI6《エムアイシックス》（英情報局秘密情報部）という対外防諜課に所属しながら同時に英海軍特別部隊（Naval Service）の大佐でもある。

ヴィクターは戦争中からずっとスパイ・マスター（世界各国に送り込んでいる情報部員たちの元締め）活動を続けた。

父親のヴィクターがこういう調子だから、企業経営と金儲けのほうは、いとこのアントニー・グスタフ（1887～1961年）に任せっぱなしになっていた。このアントニー・グスタフが、自分の息子（長男）のイヴリンと図って、NMロスチャイルド銀行本体を乗っ取ったのだ。

ロンドン分家

NMロスチャイルド銀行を乗っ取ったイヴリン

Evelyn Robert de Rothschild（*1931*年*8*月生まれ *81*歳）

20

イヴリンは保守的な銀行経営を重んじたのに対し、ジェイコブは野心的な経営を重んじた。これが対立と分裂の一因とされている。 写真:Getty Images

1980年に対立が頂点に達する

本家の嫡男である若きジェイコブ（6代目）はニューヨークのモルガン・スタンレー銀行で、金融実務経験を積んで、27歳の1963年からNMロスチャイルド銀行に入って、経営者としての才能を磨いた。

ところが、この銀行の株式の60％をアントニー・グスタフと息子のイヴリンが握ってしまっていた。本家のジェイコブは20％の株式しか持っていなかった。ここで、一族内の反目と憎悪が積み上げられていく。

1975年になって、父親の〝007〟ヴィクターが慌ててNMロスチャイルド銀行の会長（頭取）に就任して、銀行業に入ってくるのだが、もう遅かった。もともと商売が嫌いな人であったから、自分の息子ジェイコブにうまく跡を継がせることができなかった。

ヴィクターは、ロスチャイルド銀行の投資信託銀行（トラスト・バンク）部門だけを息子のジェイコブに譲り渡して、あとは、甥のイヴリンのほうに経営権が移った。

1980年に両者の反目は頂点に達し、ジェイコブは自分の子飼いの社員たちを引き連れてNMロスチャイルド銀行を去った。

もともとの原因は、1947年に銀行を株式会社にしたときに、傍系のアントニー・グスタフが株を本家筋に対して、不均等に配分したことに起因する。そして、息子のイヴリンは、パリ家の当主ダヴィド（5代目）と組むことで、自分たちの正統性《レジティマシー》を保持しようとした。一族の

表面だけは仲良さそうなイヴリン（左）とジェイコブ（右）。中央はイヴリンの妻リン・フォレスター。
写真:Getty Images

亀裂《きれつ》は決定的となった。

ロスチャイルド家は、この大きな対立と抗争を抱えて今に至っている。同族内に大きな内紛と分裂があるのだ。

イヴリンとダヴィドのNMロスチャイルド銀行は、ロンドン6代目当主（繰り返し書くが現在の欧州ロスチャイルド家全体の総帥、統領）のジェイコブと喧嘩《けんか》状態でずっと仲が悪い。今も仲が悪いままであり、ヨーロッパの金融業界で、それぞれ別個独立に動いている。

内部抗争があるということは、大きくは一族の繁栄が追い詰められて、金融財閥としての事業がうまくいっていないということだ。

だから、ヨーロッパの衰退と共にロスチャイルド財閥全体がどうしても劣勢にならざるを得ない。

ニューヨークへ事業進出したジェイコブ

ジェイコブは1983年、ニューヨークに拠点を移して、「チャーターハウス・J・ロスチャイルド銀行」という投資銀行を設立した。ロスチャイルド家には、創業者のマイヤー・アムシェル（1743〜1812年）のときにつくられた〝5本の矢をライオンがつかんでいる〟という図柄の紋章がある。

NMロスチャイルド銀行のシンボルは、この5本の矢が下を向いているが、ジェイコブが設立した投資銀行のシンボルは、5本の矢を上へ向かせた。これには、天を衝《つ》く上向きの事業の成功への祈りを込めたのだろう。

このあと、目覚ましい勢いで事業を拡大し、1988年には、シティバンクやJP《ジェイピー》モルガン銀行に匹敵するような巨大銀行に成長するはずであった。

ところが、このあとにおかしな動きが起きた。やはりジェイコブ・ロスチャイルドが、ニューヨーク（ウォール街）でロックフェラー財閥に負けないだけの力を発揮するようになると、この動きは強い規制と圧力にさらされるようになった。

〝女忍者〟マーガレット・サッチャー

ロックフェラー家は反撃に出た。なんと逆襲戦としてイギリスの政治と政界を抑える作戦に出たのである。それが、マーガレット・サッチ

ロンドン家6代目当主

創業地フランクフルトへ一旦《いったん》逃《のが》れたジェイコブ

Jacob Rothschild（*1936*年*4*月生まれ *76*歳）

1980年に「ロスチャイルド・インヴェストメント・トラスト」（現在のRITキャピタルパートナーズ）を設立したジェイコブ。

写真：アマナイメージズ

ャー（1925年〜、87歳）の政権の誕生である。乾物屋《グロウサー》の娘だったサッチャーが〝鉄の女〟となって、突然、出現して、1979年5月にイギリスの首相となった。

マギー・サッチャーは、明らかにイギリスの保守党の貴族たち（今は、貴族院といわず英上院という）とロスチャイルド家を抑えつけるために、米ロックフェラー家が放った〝女忍者〟である。

彼女が英保守党の党首となって（1975年2月）、このあと、総選挙で勝って首相となった（1979年5月、53歳）。

ロンドンのシティの金融街はサッチャー革命の〝金融ビッグバン〟なるもので大激震を起こした。ロスチャイルド系の金融機関が、次々に米ロックフェラー家の資本に乗っ取られていった。これには大英帝国の旧植民地銀行群も含まれる。老舗《しにせ》のベアリング銀行*などは倒産させられた。

だからジェイコブはこの時期にアメリカでの金融拠点を次々に切り売りし撤退して、規模をどんどん縮小して、ロンドンどころか一族の創業地であるフランクフルトに逃れていった。

マーガレット・サッチャー

米ロックフェラー家の〝女忍者〟サッチャー。

写真:Getty Images

ベアリング銀行…1762年にフランシス・ベアリングによって創業された英名門投資銀行。"女王陛下の銀行" the Queen's Bankと呼ばれたが1995年に破綻した。

ロックフェラー・ドル石油体制との闘い

——金《きん》本位制の崩壊とロスチャイルド家の劣勢

金《きん》にこだわりすぎた ロスチャイルド家

19世紀までは金《きん》が世界支配者の印であった。金《きん》の歴史は、世界支配（世界覇権）の歴史である。金《きん》を持つ者が世界を支配した。

ロスチャイルド家は一貫して金《きん》本位制にこだわってきた。*言い換えれば、あまりにも金《きん》にこだわりすぎた。

それに対してアメリカのロックフェラー家は、石油を中心にのし上がってきた。

1914年にロスチャイルド（大英帝国）はロックフェラー（アメリカ帝国）に敗れた。この時、金本位制が崩れた。

そして第二次世界大戦後は、基軸通貨《キー・カレンシー》が、英国ポンド（スターリング・ポンド）から米ドルへと移行した。

以来、じりじりとロスチャイルド家は劣勢に追いやられた。だから今も、世界はロスチャイルドとロックフェラーの闘いが続いているのである。

金本位制にこだわってきた…金の値決め（ Fixing フィキシング）は、長らくNMロスチャイルド銀行内の「黄金の間」で行なわれてきたが、2004年に撤退した。

まだ戦争が終わらない１９４４年7月の「ブレトンウッズ会議」で、ＩＭＦ《アイエムエフ》（国際通貨基金）と世界銀行（ワールド・バンク World Bank）の設立による次の世界体制ができあがった。当然、アメリカ（ロックフェラー家）が主導した。

この時「金《きん》1オンス（31・１０３５グラム）は米ドル紙幣の35ドルと等しい」と決められたのである。

そして、米ドルが唯一の金《きん》兌換《だかん》通貨となった。他の国々の政府は、世界銀行に口座を持つことで、「要求すれば保有するドル紙幣を金《きん》に必ず交換してくれる」という約束である。これが金《きん》ドル体制（ＩＭＦ＝世銀体制）である。

しかしこの体制も、ほころびはじめた。アメリカの黄金時代は１９６０年代までだった。アメリカの金《きん》保有量が次第に低下していったのである。

ついに１９７１年8月15日、アメリカは「金《きん》とドルとの兌換《だかん》の停止」を電撃発表した。「ニクソン・ショック（ドル・ショック）」である。

そのあと、どうなったか。

アメリカはドルの価値を金《きん》ではなく、石油で裏打ちするようにしたのだ。これが米ロックフェラー石油財閥による世界支配の継続である。

これを私は「修正ＩＭＦ体制」「ロックフェラー・ドル石油体制」と呼んできた。

中東の産油国利権を奪われる

１９５６年には、中東の産油国であるエジプトとサウジアラビアから、イギリスとフランスが、追い落とされている。スエズ動乱である。

この4年前にエジプトの青年将校団が反乱《クーデター》を起こして、イギリスのいうことを聞いていた国王《スルタン》(大守)を追放した。そして、スエズ運河を国有化した。

　それに対抗して、英仏は、落下傘部隊を降下させ、スエズ運河を守ろうとした。ところが、ソ連がナセルの率いる青年将校団の肩を持ち、英仏軍に対して撤退するように脅した。これで、英仏軍は、すごすごと引き揚げて大恥をかいた。

　どう考えてもこのソ連の動きの後ろに、米ロックフェラー家の影がある。その証拠にこの年から、エジプトとサウジアラビアは、ハッキリとアメリカの家来になっている。

　同じことが、湾岸の石油大国であるイラン(ペルシャ)でも起きている。ここはロスチャイルド家のアングロ・イラニアン石油会社が、利権を持ってきた。

　たとえば、イランの石油を若い頃のチャーチルが、駆逐艦隊を率いて護衛してイギリスまで運んだというエピソードがある。

　ところが、同じくイランで同時期に、モサデク博士による国民革命がおきて、油田を国有化(1956年)してしまった。困ったイギリス政府は、アメリカに助けを求めたが、結果的には、アングロ・イラニアン石油を、エクソン・モービルというロックフェラー家の石油会社に実質的に乗っ取られてしまった。

　パーレビ国王《シャー》というアメリカの言いなりの国王を連れ戻してきて、イランをアメリカの言うことをきく国にした。

　それが、1979年に「ホメイニ革命」というイスラム宗教革命でひっくり返されて、現在に至っている。

もともとはイランでできたロスチャイルド家の石油会社であったＢＰ（ブリティッシュ・ペトロリアム）もロックフェラー家に奪われた。

ＢＰは、イギリスの北の海の北海油田を掘り当てて、最近まで元気だったが、北海油田は次第に量が減っている。

１９８０年代の〝サッチャー保守革命〟のときにまさにテニスの〝ウィンブルドン現象〟*と同じくで、株式をロックフェラー家に市場で大量に買われて乗っ取られたのである。

金の時代から石油の時代へ

戦後はずっと、このように欧州ロスチャイルド家の苦境が、続いているのである。


とりわけ、１９７９年からのソ連によるアフガニスタン侵攻と、90年代末までに金《きん》の価格の暴落があった。

金地金《きんじがね》の価格は、高い時には（１９８０年）、１オンス（約31g）８７５ドルにまで高騰した。それが、一転して急激に下落を始めて、ついには、１オンスが２５０ドルにまで下がった。１g換算なら、８ドルを割った。日本円では１g１０００円を割って最安値を続け、１９９８年には８６５円にまで下落した。

このことが象徴するとおり、80年代、90年代を通して、欧州ロスチャイルド家の劣勢と衰退は目を覆うものだった。

金《きん》（ロスチャイルド）よりも石油（ロックフェラー）の時代であった。


ウィンブルドン現象…市場開放により外資が国内企業を淘汰すること。テニスのウィンブルドン選手権でイギリスの選手が勝てなくなったことが名の由来。

第5章
ロスチャイルド家の現在

「アメリカ帝国」没落後の
世界戦略

純化を図るロスチャイルド家
——三井住友銀行誕生の裏側

ジェイコブが受けた大きな打撃

1990年代からのヨーロッパは、ソビエト連邦崩壊（米ソ冷戦構造の終結）をきっかけとする不況に突入した。本当は日本の不況入り（バブル崩壊）もそうだったのだ。この波をかぶったのだ。

そして1998年にイギリスとまったく同じように日本も〝金融ビッグバン〟（金融自由化・ハゲタカ外資導入の解禁）を仕掛けられた。サッチャー首相が、過度の金融緩和（低金利とマネーの大増発）をやったおかげでバブルが起き、そしてそれが破裂したからである。

現在の欧州ロスチャイルドの当主（総帥）である㉓ジェイコブはヨーロッパの仕組まれた不況入りよりもいち早く、事業を縮小していたので、全面的な事業破綻は免れた。が、それでもかなりの打撃を受けて、今でも立ち直れないでいるというのが真実であろう。

そのジェイコブの息子、㉕ナサニエル・フィリップ・ロスチャイルド（通称〝ナット〟。19

ロンドン家 7代目当主

盛んに動く"ナット"
ナサニエル・フィリップ

Nathaniel Philip Rothschild（*1971*年生まれ *41*歳）

2011年7月23日、英アスコット競馬場でのナット（前列右）。母親のセリーナ・ロスチャイルド（前列左）の持ち馬「Nathaniel（ナサニエル）」が「キングジョージ6世＆クイーンエリザベスステークス」（ダービー、凱旋門賞と並ぶG1レース）で優勝し、ヘンリー王子（後列）からトロフィーを授与された。

写真:Getty Images

７１年生まれ、現在41歳、ロンドン家7代目）は一時期は、しばしば日本にやって来て、動いていた。

三井（当時は、さくら）と住友の両銀行を、２００１年4月に合併させて、ロスチャイルド系への純化《じゅんか》を図った時期である。三菱ロックフェラー系と対決するためには、三井と住友は組むしかないのである。

米ロックフェラー家による三菱グループを使っての日本支配と日本金融界の乗っ取りの大攻勢（クリントン政権が始まった１９９２年から始まった）があった。

三井ロスチャイルド勢力はかなり劣勢に陥っていた。それを挽回するためにジェイコブが三井と住友の大連合を組ませて防衛手段に出たのである。

三井・住友合併の真実

住友財閥とは、もともとドイツ・ロスチャイルド系の企業グループである。江戸中期の愛媛県の別子《べっし》銅山の鉱山開発から興った日本の財閥だ。しかし、住友財閥は、すでに幕末からドイツのダイムラー＝シーメンス社の影響下で育てられた財閥である。

ダイムラー社は、ガソリン機関車＝ディーゼル・エンジンを早くも１８８０年頃に開発してヨーロッパ中を席巻した重電機・機械資本である。ＮＥＣ（日本電気）は実は「住友電気」であり、シーメンス系である。

この他に古河財閥（富士通もこの一部）や森コンツェルン（昭和電工）、日産コンツェルン（日産自動車)、東芝、石川島播磨、日立、中島飛行機(今の富士重工。中島知久平《なかじまちくへい》が興した)、川崎重工なども大きくは、この傘下に加わる。現在のみずほ銀行(みずほホールディングス。旧第一勧業・富士・興銀)も大きくは、この三井・住友の系列である。

三井と住友のあの2001年の合併は、世界規模で見れば、その前年(2000年9月)のJPモルガン銀行と、チェース・マンハッタン銀行の大合併の余波を受けたものである。ところで、チェース・マンハッタン銀行のことを、ロックフェラー系だと思っている人が多い。

それは、デイヴィッド・ロックフェラーが、60年代から70年代にかけて、ここの会長もしていたからだ。しかし、真実はそうではない。ニューヨークの金融法人や大企業群の株式は、複雑に持ち合いになっているから、いったい、どの人物が、どっちの勢力なのか簡単にはわからないようになっている。ここらあたりはものすごく複雑である。

それでも2000年にできあがったJPモルガン・チェース(その前に、ケミカル・バンクを吸収合併した)は、アメリカにおける、まさしくロスチャイルドの勢力の、生き残りのための純化であった。その日本版が三井・住友銀行の合併である。

ロックフェラー家も大きく割れている

当時の三井住友銀行の会長(頭取)すなわち〝ドン〟の西川善文《にしかわよしふみ》(このあと日本郵政初代社長も

した）が、ＵＦＪ（前の三和銀行。旧鴻池《こうのいけ》財閥と旧東海銀行。もともと三和は大きくは大阪・三井系の銀行である）をなんとか三井に合併しようとした。

ところが、三菱＝ロックフェラーから横ヤリが入って、結果的にＵＦＪ銀行（三和銀行）は、三菱グループに取られてしまった。だから今は、東京三菱ＵＦＪ銀行となっている。

この時期（２０００年）に三井住友に対して、モルガン・スタンレーやソロモン・スミスバーニー（デイヴィッド・ロックフェラー系）らが示し合わせて、株式の売り崩し攻撃をかけた。三井住友は５０００億円の大損を出した。それで、ＵＦＪの買収をあきらめた。

おそらくロックフェラー家の嫡男で４世であるジェイ・ロックフェラー（米民主党の上院議員、75歳）とジェイコブ・ロスチャイルド卿の間に話し合いがあって、両者が〝皇帝〟デイヴィッド（シティ・グループとエクソン・モービルが旗《き》艦《かん》）の世界支配体制に抵抗している。ロックフェラー家も大きくは割れているのである。

ゴールドマン・サックスとの連携

だから、西川善文は２００５年４月に竹中平蔵金融・経済担当大臣（当時）に狙われて、ロックフェラーの手下《てした》である金融庁の攻撃を受けて三井住友の会長の座を引責辞任の形で追われた。なのに、その半年後には、郵政民営化法が可決した10月14日のあとの日本郵政株式会社の社長に抜擢された。

この動きからして、西川善文は竹中平蔵のよ

合併後の銀行名「三井住友銀行」を発表（2000年4月）　写真:時事通信社

さくら銀行の岡田明重頭取（左）と住友銀行の西川善文頭取（共に肩書きは当時）。

うなロックフェラーによる「日本操《あやつ》り用」の人材ではなくて、もっと大きなところの、三井・住友財閥と欧州ロスチャイルド勢力の日本代表であることがわかる。

この時期にロスチャイルド家のジェイコブの息子（7代目当主）のナットが、日本で動いていたことが報告された。

世界の頂点で大きな話は、お互いにつながり、相互に緊密に関連している。日本人だけで、日本国内のこととしてしか物事を考えられないようでは世界の田舎者である。

私たちの脳（思考力）に与えられた敗戦後の洗脳教育の恐ろしさを自覚し、私たちは再度、世界基準に合わせて、自らを点検しなければならない。確実に日本は世界の一部であり、そしてそのわずかな一部分なのだ。

120年周期で移動する世界覇権
――歴史法則から見る世界帝国の変遷

「サブプライム・ローン崩れ」の意味

2000年まで、金地金《きんじがね》の値段が1g1000円（現在は約4000円）を割る惨めな時代を欧州ロスチャイルド家は味わっている。1オンス（約31g）では、250米ドル台での最安値だった。今は1600ドルだ

だからロンドン家6代目当主のジェイコブは、米ロックフェラー財閥に追い詰められてたくさんの事業を縮小した。ジェイコブは、かなり劣勢に陥って本拠地をロンドンから、創業地のフランクフルトに移したくらいである。現在はロンドンに戻った。

欧州ロスチャイルド勢力は、2007年までは風前の灯《ともしび》といえるくらいのところまで、追い詰められていた。

しかし、時代は大きく変わった。

2007年8月17日のニューヨークの金融市場で株式と為替（ドル）の暴落が起きた。この「サブプライム・ローン崩れ」から、世界の流れは

大きく変化した。

私はこの日から歓喜して熱海の家で焼酎を飲み続け、「ついに勝ったぞ。敵が崩れ始めた」と一人で喚《わめ》いていた。翌2008年9月15日には、リーマン・ブラザーズが破綻した。

あの「サブプライム崩れ」から私たち人類（現代世界）は、新しい時代（歴史区分）に突入したのではないか、と私は考えている。

この世界（私たちの地球）は、だいたい120年周期で動いている。世界覇権が、120年で「帝国の興亡の法則」に従って、一つの大国から次の大国へと移ってゆくのである。

皇帝は4代で滅んで覇権国が交代していくのだ。一世代（ワン・ジェネレーション）とは30年をいう。だいたい30歳で子供をつくる（私は父親と年が30歳違う）。そうすると、その4代目の120年間で帝国は滅びる。すなわち世界覇権のサイクルが世界史には有《あ》るのである。

たとえば300〜400年続いたササーン朝ペルシア＊のような古代帝国があるとしても、そこには中興の祖みたいな大人物（大王）が出現していて、さらに3〜4代続く。それで120年のサイクルを3つ持つと考えることができる。

日本の徳川氏（江戸幕府）も8代将軍吉宗という農民の女に産ませた元気な大男の名君が出たから、120年のだいたい2倍の260年間続いたのだ。

19世紀の大英帝国とロスチャイルド家

大英帝国（The《ザ》 Commonwealth《コモンウェルス》 of《オブ》 the《ザ》 Nations《ネイションズ》

＊ササーン朝ペルシア…西暦226年から651年にかけて、イラン高原・メソポタミアなどを支配した王朝・帝国。ササン朝ペルシア、ペルシア帝国などと呼ばれる。

という）が、トラファルガーの海戦でナポレオンのフランス海軍を打ち破ったのが、１８０５年である。

　ここから、アメリカに世界覇権が移動する１９１４年まで、約１２０年だ。すなわちここで帝国（世界覇権国）は１２０年で移ってゆくという法則性が確認される。

　16世紀の大航海時代《ザ・グレイト・ナビゲーション》の時からヨーロッパが、歴史学上の近代《モダン》なるものを達成して、世界各地に進出して世界を支配した。

　19世紀の世界を支配した大英帝国の金融を握っていたロスチャイルド家は、ヨーロッパを中心にして、世界中でたくさんの悪いことをした。このことは事実である。

　そして１９１４年には、アメリカに覇権が移動を開始した。このときは、ロンドン家の３代目当主のナサニエル・ロスチャイルド（１８４０～１９１５年）の時代である。

　日本は、イギリス（ロスチャイルド家）の秘かな支援を受けて、上手に育てられて、１９０５年に日露戦争に勝利した。このあと大きな勘違いを起こして、自分たちも欧米の一等国（列強《パワーズ》）と同じような海外進出（帝国主義膨張政策）をやり始めた。

　ところが、１９２３年には、日英同盟は潰された。アメリカのセオドア・ルーズベルト大統領（この背後にはロックフェラー１世）の干渉があった。金子堅太郎と小村寿太郎というアメリカの手先が育てられ、伊藤博文（１９１０年にハルピンで暗殺）らロスチャイルド系は抑え込まれることになった。

　だから私の大きな理解では、19世紀を支配した大英帝国が１２０年間で、潰れていったのである。

米ロックフェラー世界帝国の没落

そして今、20世紀を支配した米ロックフェラー世界帝国の没落が決定的に私たちの目に見えるようになった。

２００７年８月のニューヨーク金融市場での“サブプライムローン危機”の勃発で、大きな没落が始まった。２０１５年にロックフェラー帝国は瓦解《がかい》する。これはもう決まっていることだ。世界覇権（ワールド・ヘジェモニー）は中国に移ってゆく。

今では、誰も反対する者がいないくらい「ニューヨーク発の世界恐慌」と決まって呼ばれるようになった大きな金融危機が私たちの眼前に迫っている。

第二次世界大戦の終わりから67年が経った。景気（経済）の波は60～70年の周期（波動、波、サイクル）で動いている。これを「コンドラチェフの長期波動」という。この波の山と底を２倍にすると、「政治の波」である世界覇権サイクルの１２０年となる。

「サブプライム危機」の元凶となったのは、ロックフェラー家（財閥）の支配するニューヨークの大銀行たちが巨額の金融バクチをやりすぎて自分たちで大暴発を起こしたからだ。この時ハッキリした４０００兆円（5億ドル）の大損はもう隠しきれない。

ロックフェラー家は、致命的な大失敗を金融業でやってしまった。シティバンク（シティグループ）とゴールドマン・サックスはもうすぐ潰れる。シティ・バンクはデイヴィッド・ロックフェラー（97歳）が真のオーナーである。私がこれまで多くの自著でこのようにハッキリと書いてきた。

ロックフェラー家を頂点とするアメリカの金融財界は、世界史的な規模で大きく敗北（大失敗）して崩壊を始めた、と冷酷に観察できるのである。

アメリカの世界覇権は終わりつつある

120年周期での世界覇権の移動を考えると、2006年までのバブル景気の時期が、アメリカが繁栄した絶頂だったといえる。

アメリカが世界覇権国になったのが1914年である。しかし1880年代からアメリカの大隆盛は起きている。ここから計算すると2015年で120年の経過となる。

ロックフェラー家の覇権が、1880年代のスタンダード石油会社が急激に成長して、世界中にモノポリー（独占資本）という形で、シャーマン法*などの法律をつくられながらも、それらを打ち破っていった時期にまで遡ると、既に120年を経過している。このように考えることができる。

ロックフェラー石油帝国の衰退が、歴史学的に証明された。現に2007年8月からニューヨークで金融恐慌が勃発し、この動きは今後も止まらないだろう。

石油という〝エネルギー革命〟と共にアメリ

シャーマン法…1890年にアメリカ議会で成立した独占禁止法。ロックフェラー家のスタンダード・オイルは同法により、37の新会社に分割された。

ロックフェラー家は4世で終わり

ジョン・D・ロックフェラー4世。皇帝は4代で滅ぶのが歴史法則だ。 写真:アマナイメージズ

カで1870年から起こったロックフェラー財閥もやがて退場してゆく。あまりにドン欲に強欲に徹して悪どいことばかりしたので、世界中の人々から嫌われて、正体を見抜かれて、死滅してゆく。

この動きの真っ最中に私たちは生きている。彼らの秘密をこの日本国において暴き続け、彼らの一切合財《いっさいがっさい》の思想の根拠と生態までを解明し続けたのは私である。

次の世界覇権国《ヘジェモニック・ステイト》は中国だ

こうして1945（昭和20）年の終戦の年から67年が経ち、世界の覇権《ワールド・ヘジェモニー》（世界の中心）が、アメリカ帝国（ロックフェラー石油帝国）から、地球上の他の地域（region《リージョン》）に移り始めた。

しかし決して、それはヨーロッパ（19世紀のロスチャイルドの金《きん》の帝国）への先祖返りはしない。ロスチャイルド家が、もう一度大きく盛り返して、21世紀にアメリカ・ロックフェラー家から金融・経済の世界覇権を奪い返すということにはならない。

世界史の軸が動き出した

それでは、どこの国が次の世界覇権国（世界帝国、超大国）になるのか？

私の考え（予測）は自著でも公言している。次の世界覇権国は、中国である。

今の中国は、まだまだ巨大な貧困と、共産主義独裁体制という政治的な劣等のままである。だから、今、急速に中国は態勢を整えつつある。

10年後、20年後には、中国はもう誰も蔑《さげす》むことのできない立派な国になっているだろう。

新興大国の共同歩調

これからの10年、20年は、ＢＲＩＣＳ《ブリックス》と呼ばれる新興国の４大国による、共同歩調での世界の管理が次第に行なわれるだろう。ＢＲＩＣＳとは、ブラジル（Ｂ）、ロシア（Ｒ）、インド（Ｉ）、中国（Ｃ）、南アフリカ（Ｓ）の5つの大国である。２０１１年からは、小文字のｓが大文字のＳとなって、南アフリカが加わり新興5カ国をＢＲＩＣＳと称するようになった。

南アフリカは、資源大国であり、金《きん》を産出する。他の４大新興国も金《きん》が出る。

ブラジル、ロシア、インド、中国、南アフリカの5つの新興大国は、アメリカ合衆国の衰退を横目で見ながら、決して直接対決するような愚かな対応はしない。アメリカ合衆国が自滅してゆくのを冷ややかに見つめながら、自分たちの基礎体力を育てつつある。共同して仕掛けられる金《きん》の価格暴落を防ぐ。

ヨーロッパに世界覇権は戻らない

もはやヨーロッパに世界覇権が戻ることはない。なぜなら、ヨーロッパは今もあまりに表面だけが美しく飾られて、人権が尊重される文明の先進地帯である。

ヨーロッパ人は、近代人《モダン・マン》で大人で、本当に上品な人たちである。でも上品なだけで何の力もない。今のヨーロッパ人というのは、「売家《うりいえ》と唐様《からよう》で書く三代目」（道楽にふけって商いをないがしろにする人のこと）の経営者のバカ息子のような連中だ。

だから、人々はあまり働かないし、人口はどんどん減っている。ドイツなどは、週労働3・5日、すなわち週休3・5日の国になっている。

実は、日本の大企業の工場の稼働率も、今や3～7割程度に落ちている。日本だって、このままほうっておけば、週労働3日の国になりつつあるのだ。

現に地方の中小企業の場合は、木・金曜日になると工場が止まってしまって、その分の従業員の給料の補助金が景気対策として、政府や県から支給されている。

こういうわかりやすい真実を、なぜか新聞は書かない。

これからのロスチャイルド家
――アメリカの没落と欧州危機を受けて

2003年から銀行部門を統合

現在、ロスチャイルドの金融部門は大きく3つに分けられる。ロンドン分家の⑳イヴリンとパリ本家㉒ダヴィドが率いるⒶ「NM《エヌエム》ロスチャイルド銀行」、ロンドン本家の㉓ジェイコブが率いるⒷ「RIT《アールアイティー》キャピタルパートナーズ」、そしてパリ分家のベンジャマン（⑰エドモン・アドルフの長男。〝黒い羊〟の⑬モーリスの系統）が率いるⒸ「エドモン・ド・ロスチャイルド*」である。

近年、この3つが再結集する動きがある。

まずⒶのイヴリンとダヴィドが、ロンドンとパリに置いてあった金融部門を完全統合した。2003年のことである。ナポレオンと争った1805年（19世紀はじめ）に、ロスチャイルド5人兄弟が、欧州各地で銀行を設立してから、約200年ぶりのことであった。

この統合で、ロスチャイルド・コンティニュエーション・ホールディングスAG《エイジー》（RCH《アールシーエイチ》）という持ち株会社を設立して、スイスに本拠を

プリヴェ・エドモン・ド・ロスチャイルド…1953年にエドモン・アドルフが設立。パリ本家とも連携していたが1979年に決裂したといわれる。

移した。「コンティニュエーション」（永続）というコトバに、ロスチャイルド一族が永遠に続くことへの強い願望が込められている。ファミリーの結束、調和の道を選んだということであろう。

このRCHの傘下にパリ・ユーロネクスト市場に上場（一族企業で唯一の上場である）のパリ・オルレアン銀行とロンドンのNMロスチャイルド銀行がある。長年、Ⓐのロスチャイルド銀行は、一族の旗艦銀行だったが、2003年からは、パリ・オルレアン銀行のロンドン支社という扱いになった。この統合を主導したのは、パリ家のダヴィドである。

そしてRCHが誕生した2003年に、本書の冒頭に書いた、ロンドンのケイト・エマ・ロスチャイルドとベンジャミン・ゴールドスミス

両家の同族結婚があった。

この政略結婚も、一族再結集の流れである。ロスチャイルド家とゴールドスミス家が新たにつながったことはものすごく重要である。

さらに、2012年に入って、ブルームバーグが次のように報じた。

ロスチャイルド：
英仏の銀行を統合へ、一族の資産管理強化

4月5日（ブルームバーグ）：欧州の老舗金融機関ロスチャイルドは、傘下の英仏銀行を統合してグループの資産管理を強化するとともに、デービッド・ド・ロスチャイルド会長の後継に備える。

ロスチャイルドが前日に電子メールで配布した発表によれば、パリを拠点とする合併・

買収（M&A）銀行などロスチャイルド家のフランス側資産を保有するロスチャイルド・アンド・バンクと、ロンドン拠点のNMロスチャイルド・アンド・サンズを含む資産を保有するロスチャイルド・コンティニュエーション・ホールディングスを統合、フランス市場に上場しているパリ・オルレアンの傘下に置く。さらにパリ・オルレアンを合資会社に移行することで、創業一族による長期的な管理を可能にするという。

ロスチャイルド会長は発表文で、今回の変更により「グローバル化し競争の高まる世界に対応し、グループにおける一族の管理を確実なものとすることができる」と述べた。

原題：Rothschilds to Unite French, U.K. Banks to Secure Control（1）（抜粋）
（2012年4月6日付 Bloomberg.co.jp）

記事の中にあるデービッド・ド・ロスチャイルドとはダヴィドのことである。パリ・オルレアン銀行の取締役会にあたる経営諮問委員会の議長を務めるのは、ワイン事業も手がけるエリック・ド・ロスチャイルドである。その弟のロベールも同委員会のメンバーである。家系図をよく見てください。

そして、この記事の前月（3月16日）には、Ⓑのジェイコブの「RITキャピタルパートナーズ」とⒸの「プリヴェ・エドモン・ド・ロスチャイルド」の両者が戦略提携をすると発表している。

2007年のサブプライム崩れから始まった

金融危機の傷跡からの修復を欧州ロスチャイルドは急いでいる。ところがアメリカ・ロックフェラー家は傷跡を修復できない。

　欧米の金融資本主義が退潮する一方で、BRICSなどの新興大国は実物経済《リアルウェルス・エコノミー》と共に台頭しつつある。この難局を乗り切るため、ロスチャイルド一族はスイスのジュネーブを拠点として、大同団結しつつある。

　しかし、ロンドン本家のジェイコブと、ロンドン分家のイヴリンが完全に和解したのかは、まだ不明である。

資源投資に注力するナット

　ロンドン本家の次期当主の㉕ナットは、ⒶからⒸのグループとは別個に、大手ヘッジファンド「アティカス・キャピタル」の共同代表を務めていた。

　ところがリーマン・ショックの余波で、2008年に50億ドル（約5000億円）の損失を出した。ナットは、ファンドの資本の約95%を投資家（出資者）に気前よく返還し、アティカス社を立派に解散することができた。

　このように、欧州ロスチャイルド家が受けた打撃も大きい。5年前のサブプライム危機から始まった〝ニューヨーク発《はつ》の金融恐慌〟はヨーロッパのすべての大銀行に計り知れない打撃を与えている。

　スペイン、イタリア、フランスだけでなく、更に大きいイギリスとドイツの銀行が抱えている時限爆弾《タイム・ボム》（巨額損失）も隠されている。証券化商品（デリバティブス）の大爆発（未償還、紙キレ化）の恐怖がひたひたと迫っている。

「いよいよ世界恐慌に突入へ」の緊迫《きんぱく》の情勢にあって、さっさとファンドを解散してこのように顧客（投資家）全員に投資金の95％をも返済（償還）したというのは、ものすごいことである。さすがロスチャイルド家である。〝腐っても鯛〟の迫力十分である。米ロックフェラー家が、このあと大崩壊して、世界覇権を失うだろうことでブルブル震えているのとは大違いである。今すでに世界は金融恐慌の最中《さなか》にあるのだ。

この英ロスチャイルド・アティカス社は、銅の生産における世界最大級の企業であるフェルプス・ドッジ（米国本社）と金《きん》の鉱山会社であるフリーポート・マクモランの合併を両社の大株主として主導した。このように、鉱物などの実物資源にも影響力を持つから、全面的な撤退ということにはならない。

ナットの「仕掛け」

これからはロスチャイルド家が力を取り戻してゆく。ただし、それは欧州での資本の形をとらずに世界中に分散して姿形《すがたかたち》を変えている。

ナットは、ロシアの新興財閥（オルガリヒ）のオレグ・デリパスカや、ロマン・アブラモヴィッチらと連携し、インドの鉄鋼王ラクシュミ・ミッタルとも近い。

アティカス社を手じまいした後のナットは、新興国の資源企業向けファンドを新たに立ち上げた。

ナットは、資金難などに陥っている資源企業

“逆さ合併”で企業ころがしをするナット　写真:Getty Images

左からメフメット・セピル（ゲネル石油社長）、トニー・ヘイワード、ナット。

に狙いを定めている。あらかじめロンドン証券取引所に上場させた「ファンド」を通じてそこから資源企業に出資し、そのファンドと資源企業を「逆さ合併」させて、ロンドン証取《しょうとり》銘柄（場合によってはFTSE*の指標銘柄）に仕立てる。

2011年、ナットはこの手口で、トルコ・イラクのクルド地区にあった、石油企業ゲネル社をロンドン市場に上場させた。このときナットは、メキシコ湾原油流出事故でBP《ビー・ピー》（ブリティシュ・ペトロニアム）のCEO職を引責辞任したトニー・ヘイワードと組み、話題となった。

さらにナットは、ペーパー会社のファンドを使った逆さ合併で、インドネシアのブミ社を手に入れた。ブミは石炭を主力とする資源企業で、英タイムズは「ナット・キング・コール（石炭）」（ジャズ歌手の名前）と皮肉った。新興国の資源

FTSE…株式や債券などのインデックス（指数）を作成するイギリス企業。FTSE算出の代表的指数にFTSE100がある。アメリカのMSCI指数と並ぶ世界の2大投資指標。

企業を指標《インデックス》に組み込む「仕掛け」を考えたのは、さすがロスチャイルド家の当主である。だが、この荒っぽいやり方は、ロンドンで問題になっている。

インドネシアのブミの創業家、バクリ一族の現在の当主はアブリザル・バクリである。第一次ユドヨノ政権で入閣していたこともある人物だ。2011年末、バクリ一族は、ナットの乗っ取りに対抗して反撃に出た。

同じくインドネシアの民族資本家であるサミン・タン（鉱山富豪）に持ち株の半分を売却して取締役会入りさせたのである。バクリから株を買い増そうとしていたナットは激怒し、バクリ一族を非難する手紙を送りつけた。この手紙はFT（フィナンシャルタイムズ）紙で公開された。バクリ一族はナットを共同会長の座から引きずりおろす動きに出た。それでナットは今年（2012年）になってブミの社外取締役に追いやられてしまった。

ナットがロスチャイルド家を守るだろう

ナットは、今年の春に発表された『フォーブス』誌の世界長者番付*で、初めて1135位（保有資産10億ドル）にランクインしている。

ナットは、イスラエル女優のナタリー・ポートマンと浮名を流したり、〝世間知らずな上流階級のボンボン〟というイメージを拭えない。しかし、いろいろと金融業界では話題をつくっている。ナットが案外、これからのロスチャイルド家を守っていくだろう。

世界長者番付…毎年3月に発表。個人保有の株式や土地の含み益が調査対象となる。財団や企業保有の資産は対象外なのでロスチャイルド家はほとんど登場しない。

新興国に広がるナットの人脈

ロマン・アブラモヴィッチ

ロシアの“石油王”。石油企業シブネフチを率いた。ロンドンとモスクワを往復する投資家。

写真:ロイター／アフロ

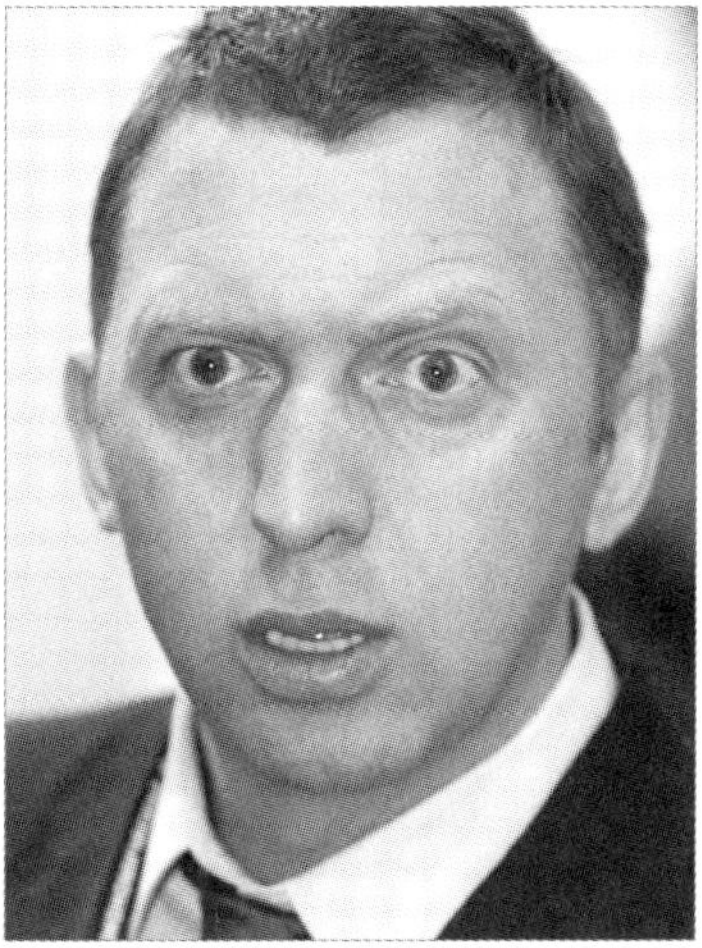

オレグ・デリパスカ

ロシアの“アルミ王”。アルミ企業ルサールのCEO。香港株式市場上場をナットが支援した。

写真:ロイター／アフロ

ラクシュミ・ミッタル

インドの“鉄鋼王”。世界最大の鉄鋼企業アルセロール・ミッタル総帥。ロンドン在住。

写真:Getty Images

アブリザル・バクリ

インドネシアの“石炭王”。次期大統領選挙を狙う政治家でもある。ナットを追い出した。

写真:Getty Images

おわりに

私の歴史観は、「世界で一番大きなお金（資金力）を持つ者が、その時の世界を支配する」というものである。巨大なお金の動き（利益のための活動）の話を抜きにして、文献証拠にだけ頼る歴史学をいくらやっても本当の歴史はわからない。

歴史学を専攻する大学教授たちのほとんどは貧乏な学者だ。企業経営も知らず、泥くさい生《なま》の政治も知らない学者たちに本当の歴史は描けない。だから歴史を見る場合に、「大きなお金の動きの真実」を観察する目を持つべきだ。人類史を冷静に見るなら、あくまで、その時代、時代の権力闘争《パワーストラグル》と巨大資本の動きに着眼すべきである。

大戦争（大会戦）があって両軍各々《おのおの》5万人、計10万人の兵（軍団）がぶつかった、と歴史家は自分の目で見てきたようなウソを書く。しかし本当は、その時の300人、500人しか決死の突撃をしない。残りの9割は、自分が死なないで済むことばかり考えている。1万人、2万人の兵隊を動かすのに、いったい、毎日毎日、どれほどの資金が必要か、をこそ考えるべきなのである。

たとえば、300人の従業員を抱える中堅企業の社長（経営者）がどれほどの苦労をして社員の給料（賃金）を払っているか。このことから常に世の中を見るべきなのである。大事件、戦争の背後にある「お金の動き」を知らずに歴史を語ると「子供の知識」になってしまう。

私は、「はじめに」でも書いたとおり、コンスピラシーは、「**権力者共同謀議**」と訳すべきだと考える。共同謀議とは、あくまでその国の権力者（支配者）たち自身による共同謀議でなければならない。その国の警察によって一網打尽にされてしまうような小さな企《たくら》み、謀《はかりごと》ではない。一番大きな資金を握っている本当の支配者たちが、主要な公職の人事権を実質的に握り、政治を背後から（非公式の力で）動かす。だから、私は、コンスピラシー conspiracy のことを「権力者共同謀議」と訳すべきだと主張してきた。

そしてこの権力者共同謀議《コンスピラシー》はあると主張するコンスピラシー・セオリストを、「権力者共同謀議はある論者」と訳すしかない。

私は×「陰謀論者」というコトバが大嫌いである。それを受け入れ自認する者たちだけが使えばいい。どうせ生来の頭のおかしな人間たちである。この私まで、陰謀論者だとレイベリング（レッテル貼り）することで、私の日本国での真実暴きの言論活動の影響力をそぎ落とそうとする者たちがいる。謀略人間たちだ。私はこの者たちと闘い続ける。

大英帝国のピークは、1901年のヴィクトリア女王の葬儀の時である。そしてこのあと1914年に世界覇権は、ヨーロッパからアメリカに移った。その論証は本書の中で行なった。1914年からは、石油の力（エネルギー革命）で成り上がったアメリカの新興財閥であるロックフェラー家が世界を支配し始めたのである。ヨーロッパとロスチャイルド家はこの時から衰退を始めた。ロックフェラー家が世界で一番大きな力を握った。そして、アメリカ国内だけでなく、主要な国際機関の公職者たちの人事権（任命権）までを握り、世界政治を自分たちの思うように動かし続けた。これが大きな事実である。

だから今の今でも、彼らアメリカ・ユダヤ帝国の属国（従属国）の一つである、私たち日本国の財務大臣や金融担当大臣の実質的な任命（権）はアメリカが握っている。そうではないのか。財務と金融の大臣に署名をさせることで、5兆円でも10兆円でも、アメリカ国債を買わせる（円高〝阻止〟介入と称して）ことができる。アメリカの日本国への支配と干渉はこのように今も本当にヒドいものである。

だがそれもあと何年かで終わる。アメリカ帝国（＝ロックフェラー石油ドル体制）は衰退が著しいから、もうすぐ倒れる。

人類史は次々と興《おこ》る帝国（覇権国）の興亡の歴史である。帝国は周辺の数十カ国を家来《けらい》の国として束ねて支配する。ひとつの帝国（王朝）の長さは、だいたい4世代（30年かける）

である。だからだいたい世界覇権は１２０年間と決まっている。この１２０年の周期で世界覇権（支配権）は移ってゆく。私はこのように世界史を冷酷に概観する。過去の諸事実から冷静に組み立てられる理解を近代学問《サイエンス》という。

１８５９年に、アメリカの五大湖のほとりで石油の掘削に成功した。そこは今もオイル・シティという観光地になっているので、この石油と共に勃興したロックフェラー財閥が、早くも１８８０年代には、世界で一番大きなお金を握った。だからこの時から、世界支配は〝金《きん》〟と共に栄えたロスチャイルド家から、ロックフェラー家に移っていった。そしてこのあと世界覇権は、次の支配者、即ちスバリ中国へと移ってゆく。

その前の19世紀の１８０５年からの１２０年間が、ロスチャイルド家が世界を支配した時代だった。その前の１００年間はフランス王国（ブルボン王朝）が覇権者である。そしてナポレオンが文字どおり、ヨーロッパ皇帝となった。ロスチャイルド家の創業者マイヤー・アムシェルと息子NM《エヌエム》（ネイサン・マイヤー・ロスチャイルド。ロンドン家初代当主）はナポレオンを打ち倒すために文字どおり命懸けの闘いをやったのである（本書56～57ページ）。公式（正式）には、１９３１年に「金《きん》ポンド（兌換《だかん》）体制」が終わった時に、大英帝国とロスチャイルド家の支配も終わったのである。

それなのに、今でもまだ「ロスチャイルド家が世界を支配している」と書く者たちがいる。それはロックフェラーに秘かに雇われた手先たちだ。
ロスチャイルド家について主要な文献は、以下の6冊である。
①横山三四郎著『ロスチャイルド家　ユダヤ国際財閥の興亡』（講談社現代新書　1995年刊）。
②広瀬隆著『赤い楯　ロスチャイルドの謎』（上下巻　集英社　1991年刊。現在は集英社文庫　全4巻）。
③フレデリック・モートン著『ロスチャイルド王国』（邦訳・高原富保　新潮選書　1975年刊）。
④デリク・ウィルソン『ロスチャイルド　富と権力の物語』（上下巻　邦訳・本橋たまき　新潮文庫　1995年刊）。
それとこの一族の主要な人物である、⑤エドマンド・デ・ロスチャイルド著『ロスチャイルド自伝　実り豊かな人生』（邦訳・古川修　中央公論新社　1999年刊）。
⑥フランス（パリ）家4代当主であるギー・ド・ロスチャイルド自身が書いた『ロスチャイルド自伝』（邦訳・酒井傳六　新潮社　1990年刊）の6冊である。
①横山三四郎・戸板女子短大元教授の『ロスチャイルド家　ユダヤ国際財閥の興亡』と、②『赤い楯』を書いた広瀬隆の二人はおそらく米ロックフェラー財閥の息のかかった

者たちである。ロックフェラー家は、イギリスのロスチャイルド家が大嫌いで憎んでいる。恐れてもいる。かつて（1913年まで）自分たちがイギリス人に資金を借りて従属していたからである。今でもアメリカ人の支配階級はどんなに家柄を誇ってもイギリス貴族に頭が上がらない。

ロスチャイルド家は、どうやらイギリス王室から貴族（男爵）の称号をもらったのではない。ウィーンのハプスブルク家（ヨーロッパ皇帝の家系）から、貴族の称号をもらったのだ。及び財力と政略結婚の力で手に入れた。叙位権は帝権（国王ではなく皇帝の権限）に属する。

ヨーロッパ貴族の称号は、アメリカ人の支配階級の者たちであっても絶対にもらってはいけない。なぜなら、アメリカ合衆国は、共和国《リパブリック》であって、王国や貴族は存在してはいけないからだ（ただし、外国人や旅行者としてヨーロッパ貴族が訪問するのはかまわない）。だからアメリカ合衆国にはアメリカ国民であるなら、たとえサー（準男爵《バロネット》）でもいてはいけない。

案外、この事実を日本人は知らない。平民であるロックフェラー家はロスチャイルド家が嫌いなのである。だから、「ロスチャイルド家についての研究」を、世界各国から学者、ジャーナリストたちを選抜して、特殊な留学や奨学金を与えてやらせる。

たとえば、ロン・チャーナウ著『タイタン　ロックフェラー帝国を創った男』（邦訳・井

上広美　日経BP社　2000年刊）という分厚い本がある。このおかしな本は、ロックフェラー1世を書いた伝記だが、ロックフェラーを賛美するばかりで、本当の穢《きたな》い泥臭い話は全く書かれていない。

ロックフェラー家につながる者たちが、推し進めている計画は、「ロックフェラー家はユダヤ系ではない」という打ち消しプロパガンダと、もう一つは、「だからロスチャイルド家を暴きたてるように調査、研究せよ」ということである。そうやって前記の①②書が日本でもできたのだ。

私たちは、この二書からもしっかりと学べばいいのである。その内容の客観事実である部分は公共財産《パブリックプロパティ》であるから、どんどん利用していいはずだ。

その上で私が、更なる真偽判断を行なって「そうではない。真実はこうだろう」という物語《ストーリー》の作り変えを本書でやった。私の書いたことにウソがあるというのなら、そのように主張してください。必ず反論します。

最後に。この本ができるのに、再び日本文芸社の水波康編集長と、グラマラス・ヒッピーズの山根裕之氏に大変お世話になった。記して感謝します。

2012年6月

副島隆彦

ロスチャイルド家 年表

西暦	ロスチャイルド家関係	世界史関係
1743	創業者マイヤー・アムシェルが生まれる	
1760		イギリスで産業革命が開始
1764	マイヤー・アムシェル、フランクフルトでロスチャイルド商会を設立	
1769	マイヤー・アムシェル、ヘッセン大公国の宮廷指定商人となる	
1776		アメリカが独立宣言
1786	マイヤー・アムシェル、ヘッセン大公国の投資代理人となる	
1789		フランス革命が開始
1800	マイヤー・アムシェル、ヘッセン大公国の高等代理人となる	
1804	（ロンドン家）ネイサンがロンドン・ロスチャイルド商会を設立しロンドン家が創業	ナポレオンが皇帝に即位、ナポレオン法典を制定
1806	ナポレオンの「大陸封鎖令」に対抗し、ロスチャイルド5兄弟が密輸活助を開始	神聖ローマ帝国が滅亡する
1812	（フランクフルト家）マイヤー・アムシェルが死去し、アムシェルが当主に	ナポレオンがロシアへ遠征
1814		イギリスでスチーブンソンが蒸気機関車を発明 ナポレオンが失脚し、ウィーン会議が開催される（～1815）
1815	（ウィーン家）サロモンがプロイセン政府商業顧問になる （ロンドン家）ネイサンがウェリントン公爵に軍資金を輸送／ネイサンが英国債の空売りで巨利を得る	ワーテルローの戦いでナポレオンが敗北し、セント・ヘレナへ流される
1816		
1817	（パリ家）ジェームズがパリ・ロスチャイルド商会を設立しパリ家が創業 パリ・ロスチャイルド商会が公債の引き受けを開始	
1818	（ロンドン家）ネイサンが在イギリス・オーストリア領事に任命	
1819	（ロンドン家）ロンドン・ロスチャイルド商会が公債引き受けを開始	
1820	（ウィーン家）サロモンがウィーン・ロスチャイルド商会を設立しウィーン家が創業	
1821	（ナポリ家）カールがナポリ・ロスチャイルド商会を設立しナポリ家が創業	
1822	オーストリア皇帝の勅命で一族が男爵家となる	
1824	（ロンドン家）ネイサンが外債の引き受けと保険業（アライアンス保険会社）にも進出	
1830	（パリ家）ジェームズが外債引き受けを開始	フランスで七月革命
1832	（ナポリ家）カール、ローマ法王に謁見を許される	
1834	（ロンドン家）ネイサン、アメリカ公債を引き受ける	
1835	（ウィーン家）サロモン、オーストリアで鉄道事業（フェルディナント皇帝鉄道）を開始	
1836	（ロンドン家）ネイサンが死去、ライオネルが当主となる	

西暦		ロスチャイルド家関係	世界史関係
1840			アヘン戦争が起きる(〜1842)
1841	〔ウィーン家〕	サロモンが公債の引き受けを開始	
1843	〔ウィーン家〕	サロモン、ウィーンの名誉市民となる	
1845	〔パリ家〕	ジェームズが北方鉄道を設立	
1847	〔ロンドン家〕	ライオネルが英下院議員に当選するも、議席には着けず	
1848	〔ウィーン家〕	宰相メッテルニヒが失脚し、サロモンはフランクフルトを脱出(ウィーン家一時閉鎖)	フランスで二月革命
1850	〔ウィーン家〕	サロモンの子アンセルムがウィーン・ロスチャイルド商会を再建	
1851			太平天国の乱が起きる(〜1864)
1852	〔パリ家〕	ペレール兄弟が設立したクレディ・モビリエと対立する	
1853	〔ロンドン家〕	シャトー・ムートンを買収し、ワイン生産を開始	ペリーが日本の浦賀に来航
1855	〔フランクフルト家〕	アムシェルが死去、カールの長男マイヤー・カールが当主に	
1858	〔ウィーン家〕 〔ナポリ家〕 〔ロンドン家〕 〔ウィーン家〕 〔パリ家〕	サロモンが死去、アンセルムが当主に カールが死去、次男アドルフが当主に ライオネル、英下院の議席に着くことを認められる アンセルムがクレディート・アンシュタルト銀行を設立 ジェームズ、ペレール兄弟に対抗して「投資連合」を形成 ジェームズの長男アルフォンスがフランス銀行理事に就任	
1859			アメリカで山師ドレイクが石油掘削に成功 イタリア統一戦争(〜1860)
1860	〔ナポリ家〕	アドルフ、革命を逃れてフランクフルトへ移住(ナポリ家閉鎖)	
1861			アメリカで南北戦争が起きる(〜1865) イタリア王国が建国される
1862	〔パリ家〕	ルイ・ナポレオンがジェームズを訪問し、対立から和解へ	
1863			リンカーン米大統領が黒人奴隷解放を宣言
1864	〔パリ家〕	クレディ・モビリエに対抗し、ソシエテ・ジェネラールを設立	
1866			普墺戦争
1867	〔パリ家〕	ペレール兄弟のクレディ・モビリエが頓挫し、パリ家が勝つ	スウェーデンのノーベルがダイナマイトを発明 日本の江戸幕府が大政奉還
1868	〔パリ家〕	ジェームズが死去、アルフォンスが2代目当主に シャトー・ラフィットを買収し、ワイン生産を開始	

1869		スエズ運河が開通
1870	〔パリ家〕アルフォンスが仏側代理人として普仏戦争の戦後処理に加わる	普仏戦争（～1871）
1871		ドイツ帝国が成立し、ヴィルヘルム1世が初代皇帝に、ビスマルクが初代宰相に就任／日本で廃藩置県
1873	〔ロンドン家・パリ家〕スペインの銅鉱山会社リオ・ティントに資本参加	
1874	〔ウィーン家〕アンセルムが死去、アルベルトが当主に	
1875	〔ロンドン家〕ライオネルが英政府のスエズ運河株買収資金を調達する	
1877		イギリスがインド帝国をつくる／日本で西南戦争
1879	〔ロンドン家〕ライオネルが死去、ナサニエルが当主に	
1882	〔パリ家〕エドモン・ジェームズがパレスチナ入植運動支援を開始	
1883	〔ロンドン家・パリ家〕ロンドンとパリ家、ロシアのバクー油田の開発に着手	
1885	〔ロンドン家〕ナサニエルが英王室から男爵位を貰う	伊藤博文が日本の初代首相になる
1886	〔フランクフルト家〕マイヤー・カールが死去し、弟ヴィルヘルムが当主に	
1888	〔ロンドン家〕セシル・ローズと協力し、ダイヤモンド鉱山のデ・ビアス社を設立	
1889		日本で明治憲法が発布
1892		米スタンダード石油がオハイオ州から解体命令
1894		日清戦争（～1895）
1901	〔フランクフルト家〕ヴィルヘルムが死去、フランクフルト家が閉鎖	イギリスのヴィクトリア女王が死去
1903	〔ロンドン家〕チャールズが来日	
1904		日露戦争（～1905）
1905	〔パリ家〕アルフォンスが死去、エドゥアールが当主に パリ・ロスチャイルド商会が改組、ロスチャイルド兄弟銀行になる	ロシアで血の日曜日事件が起きる／孫文らが東京で中国革命同盟会を結成。／日露でポーツマス講和条約
1911		清で辛亥革命が開始
1913		アメリカで連邦準備法が制定
1914	〔ロンドン家〕バクー油田の権利をロイヤル・ダッチ・シェルに譲渡して大株主に	サラエボ事件が起き、第一次世界大戦が開始（～1918）
1915	〔ロンドン家〕ナサニエルが死去、ウォルターが当主に	
1917	〔ロンドン家〕ウォルターが「バルフォア宣言」を受け取る	ロシア革命（二月革命・十月革命）が起きる
1919	〔ロンドン家〕NMロスチャイルド銀行が金の値決めを開始	五・四運動が起き、中国国民党が発足
1920		国際連盟が成立／ドイツにナチスができる
1922	〔ロンドン家〕フィリップがシャトー・ムートンの経営を引き継ぐ	

西暦	ロスチャイルド家関係	世界史関係
1923		日本で関東大震災が起きる
1928		蒋介石が中国の国民政府主席に
1929		世界経済恐慌はじまる
1931		満州事変
1932		満州国の建国を宣言
1933		ヒトラー内閣が成立し、ナチスドイツがユダヤ人迫害を開始 アメリカでニュー・ディール政策が開始
1937	〔ロンドン家〕ウォルターが死去し、ヴィクターが当主に	
1938	〔ウィーン家〕末裔のルイがオーストリア併合で、ナチスの人質に（身代金を払いアメリカへ亡命）	
1939		独ソ不可侵条約が締結／第二次世界大戦が開始（～1945）
1940	〔パリ家〕ナチス軍のパリ占領により、ロスチャイルド兄弟銀行がラ・ブールブールに本店を移転	
1941	〔パリ家〕ギーがレジスタンス運動に加わる	ドイツがソ連に宣戦／太平洋戦争が始まる（～1945）
1942	〔パリ家〕モーリスがカナダ経由でアメリカへ脱出 〔ロンドン家・パリ家〕ヴィシー政権がシャトー・ラフィット、シャトー・ムートンを没収	
1943		イタリアが降伏／カイロ会談
1944	〔パリ家〕パリ解放により、ギーがロスチャイルド兄弟銀行をパリに再建	
1945	〔ロンドン家〕フィリップがシャトー・ムートンを再開	ヤルタ会談／ドイツが無条件降伏／ポツダム会談 日本がポツダム宣言を受諾／国際連合、成立
1946	〔パリ家〕エリーがシャトー・ラフィットを再開	
1949		中華人民共和国が成立し、毛沢東が主席に
1950		朝鮮戦争／中国国民政府が台湾に移る
1951		サンフランシスコ講和会議
1952	〔ロンドン家・パリ家〕ロンドン、パリ家が協力し、カナダのニューファウンドランド開発に着手 ワインの格上げをめぐり、フィリップとエリーが対立	
1954	〔パリ家〕ジョルジュ・ポンピドー、ロスチャイルド兄弟銀行の頭取となる	
1956		スエズ戦争
1957	〔パリ家〕モーリスが死去し、エドモン・アドルフがパリ分家（スイス）当主に	
1962		キューバ危機
1963	〔パリ家〕エドモン・アドルフがパリに投資会社を設立	

1965			アメリカが北ベトナム爆撃開始
1966	〔ロンドン家〕	ジェイコブがNMロスチャイルド銀行で投資信託事業を開始	毛沢東が文化大革命を開始
1967	〔パリ家〕	ロスチャイルド兄弟銀行が、投資銀行から預金銀行になり、ロスチャイルド銀行と改称	第3次中東戦争
1968	〔パリ家〕	エドモン・アドルフがスイスに銀行を設立	
1973	〔ロンドン家〕	エドマンドが日本で瑞宝章勲一等を受ける	第4次中東戦争
1975	〔ロンドン家〕 〔パリ家〕	ヴィクターがNMロスチャイルド銀行会長に エリックがシャトー・ラフィットの経営を引き継ぐ	ベトナム戦争が終結
1976	〔ロンドン家〕	イヴリンがNMロスチャイルド銀行会長に	
1979			ソ連がアフガニスタンに侵攻
1980	〔ロンドン家〕	ジェイコブがイヴリンと決別しNMロスチャイルド銀行を退社	イラン・イラク戦争（～1988）
1981	〔パリ家〕	パリ・ロスチャイルド銀行が国有化	
1983	〔ロンドン家〕	ジェイコブ、アメリカのウォール街に進出（チャーターハウス・J・ロスチャイルド銀行）	
1984	〔パリ家〕	ダヴィド、パリ・オルレアン銀行を設立	
1988	〔ロンドン家〕	フィリピーヌがシャトー・ムートンの経営を引き継ぐ	
1989			中国で天安門事件が起きる／ベルリンの壁が崩壊
1990	〔ロンドン家〕	ヴィクターが死去、ジェイコブが当主に	東西ドイツが統合
1991			湾岸戦争が起きる／ソ連が解体
1993	〔ロンドン家〕	ジェイコブ、RITキャピタルパートナーズを設立	
1994	〔ロンドン家〕	ジェイコブ、ロスチャイルド・アセット・マネジメントを設立	
1995	〔ロンドン家〕	ナットがアティカス・キャピタルを設立	
1997	〔パリ家〕	エドモン・アドルフが死去し、ベンジャマンがパリ分家（スイス）当主に	
2001			アメリカで同時多発テロ
2003	〔ロンドン家・パリ家〕 〔パリ家〕	ロスチャイルド・コンティニュー・ホールディングスをスイスに設立 ダヴィドがイヴリンからNMロスチャイルド銀行会長職を引き継ぐ	イラク戦争（～2011）
2004	〔ロンドン家〕	NMロスチャイルド銀行が金の値決めから撤退	
2007	〔パリ家〕	ギーが死去し、ダヴィドが5代目当主に	サブプライムローン危機が起きる
2008			リーマン・ショックが起きる
2009	〔ロンドン家〕	ナット、アティカス・キャピタルを解散	
2010	〔ロンドン家〕	ナット、資源企業向けファンドを立ち上げ	欧州債務危機が起きる
2012	〔ロンドン家・パリ家〕	一族の三大金融グループに統合の動き	

【著者紹介】

副島隆彦（そえじま たかひこ）

評論家。副島国家戦略研究所（SNSI）主宰。1953年、福岡県生まれ。早稲田大学法学部卒業。外資系銀行員、予備校講師・常葉大学教授等を歴任。政治思想、金融・経済、歴史、社会時事評論などさまざまな分野で真実を暴く。「日本属国論」とアメリカ政治研究を柱に、日本が採るべき自立の国家戦略を提起、精力的に執筆・講演活動を続けている。タブーを恐れない歯に衣着せぬ発言で、カリスマ的な人気を誇る。主な著書に、『属国・日本論』（五月書房）、『世界覇権国アメリカを動かす政治家と知識人たち』（講談社＋α文庫）、『「金・ドル体制」の終わり』（祥伝社）、『中国は世界恐慌を乗り越える』（ビジネス社）、『日米欧 やらせの景気回復』（徳間書店）、『世界権力者 人物図鑑』『仕組まれた昭和史』（以上、日本文芸社）などがある。

［ホームページ・副島隆彦の学問道場］http://www.snsi.jp/

ロスチャイルド200年の栄光と挫折

2012年6月30日　第1刷発行

著者
副島隆彦《そえじまたかひこ》
発行者
友田　満
DTP
株式会社公栄社
印刷所
誠宏印刷株式会社
製本所
大口製本印刷株式会社
発行所
株式会社日本文芸社
〒101-8407　東京都千代田区神田神保町1-7
TEL.03-3294-8931［営業］　03-3294-8920［編集］
＊

© Takahiko Soejima,2012

Printed in Japan　ISBN978-4-537-25944-5
112120625-112120625Ⓝ01
編集担当・水波　康
URL http://www.nihonbungeisha.co.jp/

乱丁・落丁などの不良品がありましたら、小社製作部宛にお送りください。
送料小社負担にておとりかえいたします。法律で認められた場合を除いて、
本書からの複写・転載は禁じられています。また、代行業者等の第三者による
電子データ化及び電子書籍化は、いかなる場合も認められていません。